한국인 성공의 조건

대한민국을 이끌어가는 대표인물 100인의 성공 노하우

한국인 성공의 조건

한근태 지음

위·즈·덤·하·우·스

한국인 성공의 조건

초판 1쇄 발행 2005년 11월 28일   초판 4쇄 발행 2010년 3월 10일

지은이 한근태 **펴낸이** 김태영

기획 연준혁

편집 2분사
분사장 고정란
1팀 최유연 최소진   2팀 강정애   3팀 김세원   디자인팀 강경신
제작 이재승 송현주

펴낸곳 (주)위즈덤하우스 **출판등록** 2000년 5월 23일 제13-1071호
주소 (410-380) 경기도 고양시 일산동구 장항동 846번지 센트럴프라자 6층
전화 (031)936-4000 **팩스** (031)903-3891
출력 엔터 **종이** 화인페이퍼 **인쇄·제본** (주)현문

ISBN 89-89313-68-6 03320

미래를 향해 힘차게 도전하는
이 땅의 수많은 젊은이들에게
이 책을 바칩니다.

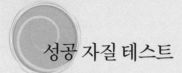

성공 자질 테스트

성공 자질을 묻는 30개의 문항 중 해당하는 부분에 체크하세요.

- ☐ 나만의 인생설계도를 갖고 있다.
- ☐ 인생의 목표를 위해 매일 무언가를 지속적으로 한다.
- ☐ 주기적으로 나를 되돌아보는 시간을 갖는다.
- ☐ 인생은 뜻대로만 되는 것이 아니라고 생각한다.
- ☐ 내가 좋아하고 잘하는 일을 찾았다.
- ☐ 호기심이 많고 새로운 것에 도전하는 편이다.
- ☐ 해야 할 일이라고 생각하면 저지른다.
- ☐ 시간약속에 절대 늦지 않는다. 늘 10분 전까지 약속 장소에 도착한다.
- ☐ 남들로부터 성실하다는 평을 받고 있다.
- ☐ 늘 메모한다.
- ☐ 겸손과 절제를 중요하게 생각한다.
- ☐ 신뢰를 지키기 위해 때로는 손해볼 때도 있다.
- ☐ 배우자와 좋은 관계를 유지하고 있다.
- ☐ 여기까지 오는데 내 능력보다는 주변 사람의 도움이 컸다고 생각한다.
- ☐ 나는 운이 좋은 편이다.
- ☐ 남들에게 베푸는 것을 좋아한다.
- ☐ 유머와 재치가 있다.
- ☐ 인상이 좋다는 얘기를 듣는다.

- [ ] 사람들의 얘기를 잘 듣는 편이다.
- [ ] 아이디어가 많은 편이다.
- [ ] 오랫동안 일하기보다는 짧은 시간 집중력을 발휘해서 일한다.
- [ ] 가끔은 일에 미쳤다는 생각이 들 때가 있다.
- [ ] 지나간 과거는 빨리 잊는 편이다.
- [ ] 낙천적이고 긍정적이다. 웬만해서는 상처받거나 좌절하지 않는다.
- [ ] 쉽게 포기하지 않는다. 끈질기게 붙잡고 놓지 않는다.
- [ ] 문제해결에 뛰어나다.
- [ ] 전문성을 갈고닦기 위해 끊임없이 노력한다.
- [ ] 잘못된 관행을 보면 참기 어렵다.
- [ ] 성격적 모순이 있다. 부드럽지만 강하고 논리적이지만 감성적이며 냉정하지만 따뜻하다.
- [ ] 1년에 책을 50권 이상 읽는다.

▶ 테스트 결과는 다음 페이지에

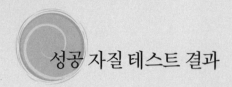

성공 자질 테스트 결과

25개 이상

당신은 이미 성공했거나 성공의 길로 가고 있다.
이 책을 통해 한번 더 점검해보자.

16~24개

성공가능성이 높다. 더욱 열심히 노력하라.

8~15개

인생에 대해, 성공에 대해 이제 조금씩 눈을 뜨는 단계다.
이 책의 성공지침을 연구하고 실천하라.

7개 미만

성공의 길과는 반대로 가고 있다. 하지만 지금 시작해도 늦지 않다.

열정과 에너지는 전염된다

예전에 직장생활을 할 때는 늘 제한된 영역의 사람들만 만날 수 있었다. 직장동료, 상사 그리고 거래처 사람들이 전부였다. 친구들도 전공이 같거나 비슷한 부류와 만나 그저 그런 이야기만 주고받았다. 그러다가 MBA를 하면서 처음으로 다양한 사람들을 만날 수 있었다.

가장 큰 충격을 준 사람은 기자들이었다. 그들이 쏟아내는 풍부한 정보와 다양한 관점은 다른 곳에서는 도저히 듣고 접할 수 없는 것이었다. 또한 글로벌기업에 다니는 매니저들도 나에게는 충격이었다. 유창한 언어와 논리성, 사업에 대한 통찰력, 발표능력이 나에게 깊은 인상을 남겼다. 그뿐 아니라 내 경험과 이론의 짧음을 깨닫게 해준 교수나 강사진도 내게 충격을 주었다.

내가 본격적으로 세상을 경험하기 시작한 것은 기업을 대상으로 강연과 컨설팅을 하면서부터다. 나는 세상에 그토록 많은 회사와 직업이 있을 줄은 꿈에도 생각지 못했다. 생계를 유지하는 수단은 헤아리기 힘들 정도로 많았던 것이다.

특히 교수라는 나의 직업은 글로벌기업의 CEO는 물론 각 분야에서 성공한 많은 사람들과 접할 수 있는 기회를 만들어주었다. 그러한 기회를 통해 나는 서서히 세상에 눈을 떴다. 비즈니스업계에서 성공의 길을 걷고 있는 사람들을 비롯해 최열 이사, 문국현 사장, 김호철 변호사 등 만분클럽과 136인 포럼에 있는 저명인사들이 세상에 대한 나의 시야를 한껏 넓혀주었던 것이다.

그들을 접하면서 나는 그들이 어떻게 성공을 거두었는지 몹시 궁금해졌다. 화려하게 성공한 현재의 모습뿐 아니라, 어떻게 성장했고 어떤 경력을 쌓았고 누구를 만나 자극을 받았고 어떤 계기로 성공을 거두었는지 알고 싶었다.

의문은 단순히 의문으로 끝나지 않았다. 나는 기회가 닿는 대로 성공한 사람들을 만났고 그들과 관련된 이야기라면 닥치는 대로 모았다. 또한 거리를 마다하지 않고 성공한 사람들의 강연을 찾아다니며 열심히 들었다. 여기에 설문조사까지 진행했다.

이러한 작업을 하는 동안 내 머리는 온통 '성공의 조건'을 캐내는 데만 집중하고 있었다. 그들에게 어떤 공통점이 있는지, 어떻게 성공했는지가 나의 주관심사였다.

하지만 내가 2년여 동안의 노력 끝에 알아낸 사실은 그들에게 공통

점보다는 차이점이 많다는 것이다. 이것은 곧 성공에 이르는 길이 그만큼 다양하다는 것을 보여준다. 그러니 성공의 정의도 다를 수밖에 없다.

설사 사회적으로 성공했을지라도 자기 자신은 그렇게 생각하지 않을 수 있다. 반대로 자신은 성공했다고 생각하지만, 타인이 그렇게 생각하지 않을 수도 있다.

이 책에서는 일반적인 상식선에서 성공한 사람을 판단했다. 이들은 사회적, 경제적으로 성공했고 스스로도 그것을 느끼고 있다. 굳이 공통점을 이끌어내기 위해 애쓰지는 않았지만, 그들의 사례를 읽어가다 보면 가슴 깊이 와 닿는 분명한 메시지가 있을 것이다.

부자가 되는 가장 좋은 방법은 부자를 직접 만나 점심을 사주면서 그들이 어떻게 부자가 되었는지 물어보는 것이라고 한다. 성공도 마찬가지다. 성공하고 싶다면 성공한 사람을 직접 만나 어떻게 성공했는지 물어보는 것이 좋다.

그런 의미에서 나는 엄청난 특혜를 받았다. 성공한 사람들의 열정과 에너지는 나에게 전염되었고, 그들의 노하우는 내 가슴 깊이 새겨졌다.

그 알곡을 이 책에 쏟아내련다. 혼자 간직하기에는 너무도 가슴 벅찬 감동이기에 많은 사람들과 함께하고 싶다. 감동의 물결이 전국을 강타해 성공한 사람들이 더 많이 쏟아져나올지 누가 알겠는가!

나는 이 일을 평생 하고 싶다. 성공한 사람들은 계속 나올 것이고 그들에 대한 데이터가 쌓이면 훨씬 더 정교한 이론과 틀이 만들어질 것이기 때문이다. 성공의 릴레이가 이어지길 바라는 마음 간절하다.

마지막으로 나의 작업에 직간접으로 도움을 준 많은 사람들, 환경재단의 이미경 국장, 서울과학종합대학의 임직원, 무엇보다 격려를 아끼지 않은 위즈덤하우스 김태영 사장님과 직원 여러분, 연준혁 기획실장에게 깊이 감사한다.

한근태

차례

성공 자질 테스트   6

프롤로그   9

1장 삶의 지도와 나침반을 준비하라

     성공의 출발점은 꿈을 갖는 것이다   20
     목표가 필요한 것은 그것이 제공하는 에너지 때문이다   26
     한 방향에 하나의 가능성만 있는 것은 아니다   32
     왜 사는지에 대한 답을 준비하라   37
     변화도 연습하면 별 것 아니다   43
     옳다 싶으면 일을 저질러라   48
     실천 매뉴얼 1 어떻게 꿈을 키울 것인가   54

2장 좋아하는 일, 잘하는 일을 찾아라

     일을 즐기는 사람이 가장 행복하다   57
     타인의 이목으로부터 자신을 해방시켜라   63
     다양한 경험을 통해 눈을 떠라   69
     세상과 미래를 향해 안테나를 높여라   74
     버려야 얻는다   79
     실천 매뉴얼 2 하고 싶은 일을 어떻게 찾을 것인가   84

3장 사소한 것을 소중하게 생각하라

사소한 것은 결코 사소하지 않다   88

성공하는 사람은 시간을 황금보다 귀하게 쓴다   93

미치지 않으면 이룰 수 없다   99

절제가 성공을 지속시킨다   107

신뢰 지키기에 목숨을 걸어라   111

가장 어려운 성공은 가정에서 성공하는 것이다   116

실천 매뉴얼 3 작은 일도 소중히 여기려면 어떻게 해야 하는가   120

4장 성공은 만나는 사람들에 의해 결정된다

사람 보는 안목을 길러라   124

도움을 주고 도움을 받아라   128

나로 인해 단 한 사람이라도 행복하게 하라   132

세심하게 배려하라   136

잇속보다는 뱃속이 맞아야 한다   141

유머로 상대를 무장해제시켜라   145

얼굴은 인생의 대차대조표   151

탁월한 커뮤니케이터는 귀담아듣는다   157

실천 매뉴얼 4 사람들과의 인연을 어떻게 유지할 것인가   162

5장 어떠한 역경 속에서도 긍정을 캐내라

기회는 위기와 함께 찾아온다   166

실패 없이는 성공도 없다   171

초년고생은 사서도·한다   177

핑계를 버리고 가능성에만 집중한다   182

성공하는 사람들은 도전을 두려워하지 않는다   188

아니라는 생각이 든다면 바꿔야 한다   193

실천 매뉴얼 5 성공하기 위해 어떤 마인드가 필요한가   198

6장 자기 분야에서 고수가 되라

문리(文理)가 트여야 성공한다   201

배움에는 부끄러움이 없다   205

성공하는 사람은 궁리를 많이 한다   210

리더(Leader)는 리더(Reader)다   215

젊음을 제대로 불태워야 인생이 바로 선다   219

성공하는 사람들은 문제해결에 강하다   224

중요한 일 몇 가지를 동시에 하라   230

현실감각을 잃지 마라   235

성공하는 사람은 부드럽지만 강하다   239

실천 매뉴얼 6 자기 분야에서 최고가 되려면 무엇을 해야 하는가   243

7장 철학 없는 성공은 사상누각이다

성공철학을 남겨라   247

나누는 삶이 진정 성공한 삶이다   252

받는 생활에서 주는 생활로 바꾸어라   257

성공은 인품이다   262

진정한 평가는 사후에 이루어진다   268

실천 매뉴얼 7 진정한 성공을 위해 무엇을 해야 하는가   272

에필로그   273

1장

삶의 지도와 나침반을 준비하라

성공의 출발점은 꿈을 갖는 것이다
목표가 필요한 것은 그것이 제공하는 에너지 때문이다
한 방향에 하나의 가능성만 있는 것은 아니다
왜 사는지에 대한 답을 준비하라
변화도 연습하면 별 것 아니다
옳다 싶으면 일을 저질러라

현재 하고 있는 일에 대해 어떻게 생각하는가? 만약 마음에 들지 않는다면 정말로 하고 싶은 일은 무엇인가? 앞으로 그 일을 하기 위해 어떤 목표와 계획을 갖고 있는가?

목표나 계획 혹은 성공에 대해 생각할 거를조차 없이 살아갈지라도 아니면 그것이 늘 목에 걸린 가시처럼 찌르르한 아픔을 전해주지만 실제로는 그것과 거리를 두고 있을지라도 이것은 우리가 늘 생각해야 하는 질문이다.

목표와 성공에는 어떤 상관관계가 있을까?

'한국인 성공의 조건' 프로젝트에서 실시한 조사결과에 따르면 전체 100명의 성공인 가운데 74.5퍼센트의 사람이 '장기적인 인생 계획

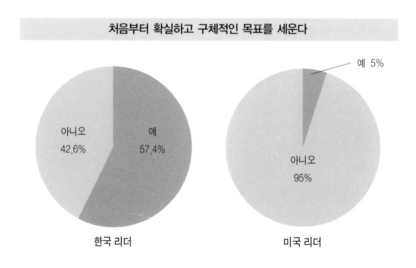

처음부터 확실하고 구체적인 목표를 세운다

한국 리더
아니오 42.6%
예 57.4%

미국 리더
예 5%
아니오 95%

주) 미국 리더는 『평범했던 그 친구는 어떻게 성공했을까』 통계 참조.

을 갖고 있다'고 대답했고, 57.4퍼센트는 '처음 사회생활을 시작할 때부터 확실한 인생목표가 있었다'고 응답했다.

결국, 한국인들은 인생의 성공에서 목표가 상당히 중요하다고 생각하고 있는 셈이다.

성공에 필요한 자질을 두 가지만 고르라는 질문에서도 목표의식은 리더십, 추진력에 이어 세 번째를 차지했다.

반면 미국의 경우에는 성공한 CEO 중 5퍼센트만이 '처음부터 확실하고 구체적인 목표를 세운다'고 답변했다(『평범했던 그 친구는 어떻게 성공했을까』 참조). 한국인과 미국인이 목표를 바라보는 데 있어서 큰 차이가 있음을 알 수 있는 대목이다.

성공하기 위해서는 목표가 필요하다. 하지만 목표가 중요한 것은 목표 그 자체보다는 목표의식이 제공하는 에너지 때문이다. 따라서 목표 자체에 연연하기보다 목표가 제공하는 적절한 긴장감을 자극으로 삼는 것이 바람직하다. 계획대로만 되지 않는 것이 인생이기 때문이다.

성공의 출발점은 꿈을 갖는 것이다

비전은 보이지 않는 것을 보는 기술이다.

위대한 사람은 비전에 대해 얘기하고 평범한 사람은 사건에 대해 얘기하며, 못난 사람은 남의 험담을 하거나 판단하는 일에 대해 얘기한다고 한다. 생각할수록 고개를 끄덕이게 만드는 말이다.

성공의 출발점은 꿈을 갖는 것이다. 꿈 없이 성공한 사람은 없다.

꿈을 갖고 산다는 것, 꿈을 위해 노력한다는 것_ 김재철

'21세기의 해상왕 장보고!'

원양어선의 실습항해사로 시작해 지금의 동원그룹을 만든 김재철 회장에게 따라붙는 수식어다.

1935년 전남 강진에서 태어나 그저 평범하게 살아가던 그에게 '꿈을 갖고 산다는 것'이 어떤 것인지를 알게 해준 사람은 바로 강진농고의 최석진 선생님이다.

"지금 우리나라는 경제적으로 낙후한 상태를 면치 못하고 있지만, 언젠가는 세계 5대양을 휩쓸 시기가 올 것이다. 무한한 잠재력을 지닌 바다는 인류에게 부와 영광을 가져다줄 보물덩어리다. 그래서 세계열강들은 바다 개발에 심혈을 기울이고 있다. 우리도 바다에 관심을 가져야 한다. 우리가 가난의 멍에로부터 벗어나려면 우수한 젊은이들이 바다 개척에 나서야 한다."

한창 미래에 대해 고민할 시기에 선생님의 이 말은 그대로 그의 가슴에 꽂혔고, 그는 주저없이 부산수산대학 어로학과에 입학했다.

하지만 이론과 실전은 달랐다.

졸업 후, 우리나라 첫 원양어선 지남호에 실습항해사로 승선한 그는 실전을 익히기 위해 숱한 고생을 했고, 승선 1년 만에 2등 항해사, 2년 만에 1등 항해사 그리고 3년 만인 26세에 선장이 되었다. 대한민국 학사출신 1호 선장이 탄생한 것이다.

무엇보다 그는 성실성과 탁월성을 인정받았다. 어로작업 짬짬이 책을 읽기 위해 헌책방에서 무게를 달아 파는 책을 구입할 정도로 학구열이 강했고, 매일 일기도 썼다. 그가 나중에 증권업에 진출하게 된 것도 독서로 다져놓은 지식과 연구자세 그리고 기록하고 분석하는 태도 덕분이다.

그는 치밀하게 계획을 수립하고 그것을 과감하게 실행하는 것으로 유명했다. 그러한 자세는 사모아어장에서 언제나 최고의 어획고를 올리는 성과로 나타났고, 그 탁월함에 걸맞게 캡틴 제이씨 킴이라는 이름으로 외국인들 사이에서 더 유명했다.

34세의 나이에 고려원양 이사로 승진한 그는 그곳에서 쌓은 경험을 바탕으로 1969년에 마침내 '동원그룹'을 설립했다.

꿈을 향한 그의 발걸음에는 멈춤도 없고 제자리도 없다. 참치회사는 식품회사로 성장했고, 이제 그는 한 회사의 사장에서 한국무역협회 회장으로 우뚝 서 한국을 대표하고 있다.

한반도 예찬론자이자 해양대국 건설론자인 그는 특히 청소년에게 깊은 관심을 보이고 있으며 그들을 위한 글을 많이 써낸 것으로도 유명하다. 그가 쓴 「남태평양에서」, 「바다의 보고」, 「거센 파도를 헤치며」 등은 초중고 교과서에 실린 대표적 명문(名文)으로 손꼽힌다.

그에게 꿈은 생명이었다.

그것을 부여잡고 거칠게 달려온 결과 1987년 한국의 경영자상, 1991년 금탑산업훈장, 1995년 인촌상, 1998년 국민훈장모란장 등을 수상했지만, 그가 삶 그 자체로 보여준 '꿈을 향한 열정'에는 그러한 상마저 고개를 숙이는 듯하다.

몇백 년을 내다보는 씨앗을 뿌려라 _ 민병갈

"이봐유, 딸년 시집을 보내야 하는디 돈이 없어 놔서… 부탁인디유, 우리 땅 좀 사주시면 안 되겠슈?"

"네!"

자연이 온전히 살아숨쉬는 천리포수목원은 해변을 걷던 민병갈에게 한 노인이 다가와 이렇게 요청한 것으로부터 만들어지게 되었다. 노인의 끈질긴 요청에 결국 그가 수락하자, 그 소문은 온 동네로 퍼져나갔고 동네 사람들은 너도나도 그에게 달려와 땅을 사달라고 졸랐다. 덕분에 그 어느 수목원보다 아름답고 자연스러운 천리포수목원이 탄생하게 된 것이다.

천리포수목원은 1979년 한국에 귀화한 민병갈(미국 이름은 Carl Ferris Miller)이 1962년에 인근 토지를 매입한 후 나무를 심게 되면서 만들어지게 되었다. 그후 1970년부터 해안별장을 짓고, 현지에 적응 가능한 식물들을 지속적으로 수집하고 관리했는데, 이것이 수목원의 시초다.

그는 운영자금을 마련하기 위해 한국은행에서 일했고 증권회사 고문역을 맡기도 했다. 증권전문가로서 상당한 수입을 올린 그는 자신을 위해서는 자동차 하나도 닳고 닳아 더 이상 손을 볼 수 없을 지경이 될 때까지 타고 다니면서 모든 것을 수목원에 투자했다.

18만 평에 달하는 천리포수목원은 사람을 위한 곳이 아니라 나무를 위한 곳이다. 나무를 지켜줄 뿐, 주인노릇은 하지 않는다는 것이 그의 지론이다. 그렇기 때문에 살충제를 쓰거나 다른 수목원처럼 예쁘게 가지를 치고 잎을 다듬거나 더 좋은 곳으로 옮겨 심지 않는다. 그저 자연을 자연 그대로 인정할 뿐이다.

그는 장기적인 비전과 인내심의 소유자다. 만약 그가 자기 혼자만의 편안함과 단기적 성과를 노렸다면 절대 수목원을 가꿀 생각은 하지 않았을 것이다.

"인생은 길어야 백 년이지만 나무는 천 년까지 삽니다. 저는 적어도 3백 년은 내다보고 수목원을 시작했습니다. 제가 죽은 뒤에도 자식처럼 키운 천리포 나무들은 몇백 년 더 살며 제가 제2의 조국으로 삼은 한국에 바친 마지막 선물로 남기를 바랍니다. 제가 평생 나무를 가꾸면서 깨달은 것은 수목원사업은 영원한 미완성이라는 것입니다."

마침내 천리포수목원은 2000년에 국제수목학회로부터 '세계의 아름다운 수목원'으로 인정을 받게 되었는데 이는 세계에서 열두 번째, 아시아에서는 최초의 인증이다.

꿈은 미래에 일어날 일을 앞당겨 그려보는 기술이다. 몇백 년 후를 내다보고 척박한 땅을 아름다운 수목원으로 가꾸는 데 평생을 바친 민병갈은 그야말로 아름다운 꿈을 가진 아름다운 사람이다. 그는 한국인보다 한국을 더 사랑했고, 단기적 즐거움보다 자신의 꿈을 몇백 년 후까지 연장할 줄 아는 사람이었다.

성공의 출발은 꿈을 갖는 것이다. 물론 꿈은 이루지 못할 수도 있다. 실제로 많은 사람들이 미완성의 꿈을 끌어안고 관 속으로 들어간다.

또한 꿈은 단기간에 이루어지지 않는 경우가 더 많다. 그러나 마음속에 꿈을 간직하고 있다는 것은 매우 유익한 일이다. 꿈이 있기 때문에 노력하게 되고, 노력한다는 것 자체가 훌륭하기 때문이다.

영원히 살 것처럼 꿈을 꾸고,
내일 죽을 것처럼 오늘을 살라.

– 제임스 딘

목표가 필요한 것은
그것이 제공하는 에너지 때문이다

목표는 그 자체보다는 목표가 주는 에너지 때문에 반드시 필요하다. "목표는 그것을 달성하든 달성하지 못하든 생활을 위대하게 한다"는 로버트 브라우닝의 말처럼 아침에 세운 목표는 하루를 활기차게 하고, 연초에 세운 목표는 1년을 힘차게 만든다.

목표는 불변의 법칙에 속하지 않는다_ 정인태

목표란 영구불변의 법칙이나 진리가 아니다. 목표에 얽매여 새로운 도전기회를 뭉개는 것보다는 그 접근법에 변화를 주어 방향을 바꾸는 것이 좋다. 목표의식과 더불어 도전하겠다는 의지가 살아 있다면 목표는 얼마든지 방향을 수정할 수 있다.

호텔관련학과를 졸업한 정인태의 원래 목표는 교수가 되는 것이었다. 당시에는 생소한 학과였기 때문에 조금만 노력하면 쉽게 교수가 될 수 있을 것이라 생각했다. 그래서 힘든 중에도 대학원을 다녔다. 하지만 인생이 항상 계획한 대로만 되는 것은 아니었다. 그는 롯데호텔 내 페닌슐라의 최연소 매니저로 일하게 되었다. 그러다가 그를 눈여겨본 TGI Friday에서 함께 일하자는 제안이 들어오자, 그는 안정된 직장을 과감히 그만두고 새로운 도전에 나섰다.

"교수 대신 제 분야에서 최고가 되는 것으로 목표를 수정했습니다. 30세 이전에 매니저, 40세 이전에 임원, 45세 이전에 사장이 되자는 목표를 세웠죠. 40세 이전에 외식업체 TGI Friday의 임원이 되었고, 45세 이전에 아웃백스테이크의 사장이 됐으니 목표는 달성한 셈입니다. 그리고 지금은 여러 학교에 강의를 나가고 있으니 처음의 목표였던 교수도 된 것이나 마찬가지입니다."

평범한 가정에서 태어나 별다른 어려움 없이 자란 그는 군에 있는 동안 집안이 망하는 바람에 복학할 등록금을 마련하는 데 어려움을 겪었다. 하지만 그것이 오히려 그의 성실성에 불을 지폈고, 그는 철가방 아르바이트를 하면서 살림에 보탰다.

"가난이 저를 강하게 했습니다. 가난했기 때문에 장학금이 필요했고 그래서 더욱 열심히 공부할 수밖에 없었지요."

롯데호텔 신입사원 시절에는 새벽 6시에 출근하여 4시에 퇴근하면서 대학원을 다녔다. 회사에 다니면서 공부하기 위해 그는 직위에 연연하지 않고 교대근무를 할 수 있는 웨이터에 지원했다. 그런데 석사학위 소지자가 웨이터를 한다는 사실이 우연히 알려졌고, 그는 결국 회사의 배려로 일본 임페리얼 호텔로 연수까지 가게 되었다.

비범함은 언제나 사소한 일에 최선을 다할 때 이루어지는 법이다.

정인태 사장이 이끄는 아웃백스테이크는 현재 패밀리레스토랑 1위 회사다. 이는 극심한 불황 속에서 다른 업체들이 모두 숨을 죽이고 있는 사이 급속한 성장전략을 진행한 결과다. 2000년에 8개의 점포로 시작하여 2002년 23개, 2003년 33개로 늘어났으며 매출액도 912억 원에 이른다. 2004년 시장점유율은 40퍼센트를 넘어섰다.

목표가 있으면 정보가 들어온다_최열

'최열' 하면 '환경'이 떠오르고, '환경' 하면 '최열'이 떠오를 정도로 그는 국내 환경운동계의 1인자다.

대학시절, 학생운동의 선봉에 섰던 그는 1976년 8월, 긴급조치 9호 위반으로 6년형을 선고받고 안양교도소에 수감되었다. 그곳에서 출감을 하면 무엇을 할 것인가에 대해 함께 수감된 동료들과 격렬하게 토론을 벌이던 그는, 대다수가 노동운동을 추구하는 가운데 환경운동을 하기로 마음먹었다. 당시 구미 선진국에서는 활발하게 환경운동이 전개되고 있었는데, 그것이 그의 목표가 되었던 것이다.

일단 목표가 정해지자 환경운동과 관련된 책을 탐독하기 시작했다.

바쁘다, 죽겠다, 피곤하다는 말은 의미없는 일,
하기 싫은 일을 하는 사람이 주로 쓰는 말이다.
자신의 목표가 무엇인지 명확히 알고 있는 사람은
절대로 그런 말을 쓰지 않는다.

국내에서는 환경관련 서적들을 구하기가 쉽지 않았으므로 가족에게 부탁하여 일본학자 미야모토 겐이치의 『일본의 환경문제』, 우이준 교수의 『공해원론』 등을 구해 하루 12시간 이상씩 책을 읽었다. 복역기간인 4년 동안 그는 무려 250여 권의 책을 독파했고 덕분에 그 누구와 토론을 벌여도 대적할 수 있을 만한 환경전문가로 변신했다.

목표를 설정하고 행동으로 옮긴 결과가 오늘의 최열을 만든 것이다.

그는 절대로 '바쁘다, 죽겠다, 피곤하다' 는 말을 사용하지 않는다. 그것은 의미없는 일, 하기 싫은 일을 하는 사람이 주로 쓰는 말이라는 것이 그의 철학이다.

모든 정보는 인간에게서 나온다. 그런 의미에서 볼 때, 최열은 대한민국에서 가장 넓은 정보망을 가졌다고 할 수 있다. 그가 마음만 먹으면 만나지 못할 사람, 하지 못할 일은 없기 때문이다. 그러나 그는 늘 누군가를 만날 때마다 '나에게 어떤 이익이 있을까' 를 생각하지 않고, '저 사람을 어떻게 도와줄 것인가' 를 생각한다. 그래서 그의 주변에는 늘 정보원들로 북적인다.

목표가 있으면 정보가 들어온다. 아무 생각 없이 사는 사람에게는 별 것 아닌 얘기도 목표가 명확한 사람에게는 귀중한 정보가 된다. 예를 들어 집을 사려는 사람에게는 부동산 정보만 들어오고, 자녀교육에 집중하는 사람에게는 사교육과 관련된 정보만 들어온다. 이는 자신이 관심 있는 분야만 집중적으로 수용하기 때문이다.

좋아하는 것도, 하고 싶은 것도, 해야 할 일도 없는 사람은 살아 있되 살아 있는 것이 아니다. 진정으로 살아 있으려면 목표가 있어야 한다. 여기서 말하는 목표란 내가 어떤 사람이 되고 돈을 얼마나 벌고 또한 얼마나 풍요로운 삶을 사느냐에 관한 것이 아니다. 그보다는 무엇을 위해 살 것인지에 관한 것이다. 인생의 비극은 목표를 달성하지 못한 데 있는 것이 아니라, 달성할 목표가 없다는 데 있다.

미국에서 성공한 한국인으로 자리매김한 고홍주 박사는 "저는 묘비명을 쓰기 위해 일합니다. 목표가 중요한 게 아니라, 위대한 목표를 세우는 것이 중요합니다"라고 목표의 중요성을 강조한다.

목표를 세우기 위해서는 자신의 목소리에 귀를 기울여야 한다. 내가 진정으로 원하는 것이 무엇인지, 그것을 위해 살고 있는지, 사후에 사람들로부터 어떤 얘기를 듣고 싶은지 등을 바탕으로 삶의 목표를 세워야 하기 때문이다.

일단 목표를 세웠다면 실천해야 한다. 세상의 그 어떤 것도 실천 없이 이루어진 것은 없다.

활력은 비전의 산물이다.
위대하고 아름답고 중요한
그 어떤 것에 대한 비전이 없다면
활력은 감소되고 생명력은 약해진다.

– 에리히 프롬

한 방향에 하나의
가능성만 있는 것은 아니다

세상에 계획한 대로 살아가는 사람이 얼마나 될까?

원하던 학교를 졸업해 사회에서 최상의 대접을 받으며 일하고, 이상적인 배우자를 만나 아들, 딸 낳아 건강하게 성장하는 것을 지켜보다가 물질적 풍요로움 속에서 은퇴하여 편안한 노후를 보내는 그런 삶 말이다.

필자는 아침마다 계획을 세운다. 그러나 단 하루도 계획대로 된 날은 없다. 잘 가던 지하철이 고장이 나 늦기도 하고, 약속이 갑자기 연기되어 아까운 시간을 날리기도 한다. 마음이 바뀌어 계획에 없던 일을 하기도 하고, 누군가가 돌아가시는 바람에 예정에 없던 계획을 세우기도 한다. 하루가 이럴진대 인생전체로 보면 얼마나 많은 계획들이 생겼다가 사라져갈까?

감사하는 자세로 주어진 상황에 최선을 다하라 _ 이채욱

"CW(이채욱 사장의 영문 이니셜)를 GE에 주시면 안 될까요? 만약 그것이
힘들면 GE가 비용을 다 댈 테니 몇 년간 빌려주시면 고맙겠습니다."

삼성맨으로 입사하여 폐업위기에 처한 삼성-GE의 의료기기 합작
회사를 알짜회사로 탈바꿈시킨 이채욱을 두고 거대공룡 GE가 군침을
삼켰다. GE는 구원투수 역할을 톡톡히 해낸 그를 아시아·태평양지
역 사장으로 영입하려 했고, 그러자면 삼성의 허락이 필요했던 것이다.

파울로 프레스크 부회장(현 피아트자동차 회장)의 간곡한 편지를 받은
삼성에서는 이채욱을 놓치고 싶지 않았지만, 그렇다고 GE의 요청을
거절하기도 어려웠다.

결국 그는 몇 년간 삼성에 적을 둔 채 GE의 사장으로 일하게 되었다.
직장생활을 하면서 이런 대접을 받으면 기분이 어떨까? 그것도 삼성과
GE처럼 세계적인 기업이 서로 끌어가려 한다면 얼마나 행복할까?

그런 과정을 거쳐 이채욱은 125년 전 에디슨이 세운 회사이자 그 지
분의 31퍼센트만 팔면 한국 증권시장에 상장된 모든 기업을 살 수 있
다는 회사의 한국책임자가 되었다. 그는 보기 드물게 한국기업과 외
국계기업에서 동시에 성공을 거둔 것이다.

그러나 그는 그 자리에 오르기까지 수많은 진로변경과 뜻하지 않은
장애물을 뛰어넘어야만 했다. 무엇보다 지독한 가난으로 학교를 몇 달
간 쉰 적도 있고, 어려운 환경 때문에 철공소 직원이나 면서기 같은 소
박한 꿈을 갖기도 했다.

"자전거에 도시락을 매달고 출근하는 공무원이 그렇게 부러울 수가 없었습니다."

비록 소박하지만 꾸준히 꿈을 키워나간 그는 대학을 졸업한 후 삼성에 입사했다. 그리고 노는 물에 따라 스케일이 달라진다는 말처럼 그의 꿈은 그의 성장과 더불어 커져갔다.

"저는 늘 감사하며 지냅니다. 철공소 직원을 하고 싶어하던 사람이 대학을 나왔으니 감사한 일이고, 면서기가 꿈이던 사람이 삼성에 들어가 과장까지 되었으니 얼마나 기쁜 일입니까? 더 나아가 글로벌기업의 CEO까지 되지 않았습니까!"

톨스토이가 『인간은 무엇으로 사는가』에서 표현하고 있듯 인간은 앞날을 볼 수 없다. 단지 예측만 할 수 있을 뿐이다. 그러므로 계획은 언제든 상황에 맞게 변할 수 있다. 무엇보다 중요한 것은 자신의 본질을 잃지 않고 계획을 확대재생산하려는 노력을 게을리해서는 안 된다는 점이다.

목표와 함께 필요한 것이 융통성이다_ 구자규

특정한 목표에 지나치게 집착하면 오히려 실패할 확률이 높아진다. 능력 있는 사람이 저지르기 쉬운 실수 중의 하나는 정해진 시간 안에 특정한 직급에 오르겠다는 야망을 품는 것이다. 야망을 품는 것은 좋지만, 그렇다고 모든 계획을 달성할 수 있으리라는 보장은 없다.

조급하게 군다고 오지 않을 기회가 오고, 느긋하게 있다고 올 기회가 오지 않는 것은 아니다. 자신이 좋아하는 일을 하고, 설혹 마음에 들지 않더라도 성실하게 최선을 다하다 보면 기회는 자연스레 다가오게 마련이다.

강박관념에 사로잡혀 자신이 계획한 시간 내에 정상에 도달하려 하면 무리수를 두게 된다. 능력 있는 동료는 자신의 자리를 위협하는 경쟁자로 보이고, 나이든 상사는 빨리 제거해야 할 암적 존재로 보인다. 더 나아가 부하직원이나 거래처 사람도 자신의 승진을 위한 도구로 여겨질 뿐이다.

먹이를 향해 돌진하는 동물처럼 오로지 목표에만 승부를 걸면 결국 적이 많이 생기고, 그러다 예상치 못한 지뢰를 밟으면 추락하게 된다.

물론 목표는 필요하다. 목표가 있어야 정보도 들어오고 긴장감도 생기며 성취의욕도 느낄 수 있기 때문이다. 그러나 너무 과도하게 목표에 집착하는 것은 피해야 한다. 목표를 갖되 융통성을 발휘해야 하는 것이다.

GE의 이채욱 사장이 구자규를 사장으로 발탁한 과정은 이와 관련하여 커다란 교훈을 준다.

"제가 아시아태평양 대표로 싱가포르에 있을 때의 일입니다. 저를 도와줄 한국직원이 필요했는데, 마침 생각나는 사람이 있어서 전화를 걸어서 오라고 했죠. 그 친구는 긍정적이고 씩씩한 친구였습니다. 며칠 뒤, 가족까지 데리고 싱가포르에 왔더군요. 하지만 그 사이 제 생각이 바뀌었습니다. 싱가포르보다는 일본에서 근무하는 게 나을 것 같아 사정을 얘기했더니 알았다면서 바로 일본으로 떠났습니다. 그런데 미안하게도 제 생각이 또 바뀌고 말았습니다. 예전처럼 한국에서 일하는 게 낫겠다는 생각이 든 겁니다. 변덕이 죽 끓듯 했지요. 하지만 긍정적인 그 친구는 그런 상황에서도 씩씩하게 그러겠다고 하더군요. 그가 바로 현 GE 플라스틱의 구자규 사장입니다. 상사라면 누구나 뭐든 긍정적으로 생각하고 안 되는 이유보다 되는 이유를 찾는 직원을 좋아하죠."

제대로 된 계획을 세우는 것도 중요하지만, 변수가 생겼을 때 유연하게 대처하는 마음자세는 더 중요하다. 직선코스만 고집할 것이 아니라, 가끔은 돌아서 가는 여유도 필요하다.

　개인에게 좀 손해가 나더라도 조직에 도움이 되는 쪽으로 융통성을 발휘한다면 그런 것이 쌓여 성공의 토대가 되어줄 것이다.

> 꿈이 가리키고 있는 방향으로 열과 성을 다해 노력하면,
> 어느 날 문득 예기치 않았던 성공과 만나게 될 것이다.
>
> ― 헨리 데이빗 소로우

왜 사는지에 대한 답을 준비하라

성공에 대한 정의는 사람마다 다르다. 그러나 삶의 의미를 찾고 그에 걸맞은 삶을 살아가는 것이 성공요인 중 하나라는 것만은 확실하다. 이를 위해서는 왜 사는지에 대해 답을 준비해야 한다.

'왜 사는가'라는 질문은 바둑 9단에게 '바둑에서 가장 절묘한 수가 무엇입니까'라고 묻는 것만큼이나 어리석은 질문이지만, 그래도 분명한 답을 찾아야 한다. 왜냐하면 그 답이 마음의 평화를 가져다주기 때문이다.

답을 찾는 방법은 다양할 수 있지만, 성공한 사람들이 주로 사용하는 것은 내면의 소리에 귀를 기울이기 위해 하루 10~15분 정도 명상을 하는 것이다.

성공한 사람들은 대개 얼굴이 맑고 평화로워 보인다. 그것은 그들이 '왜 사는가'에 대한 답을 찾았고, 그에 따라 살아가기 때문이다.

늘 생각을 점검하고 그 생각대로 실천하라_안철수

"저는 어떤 문제에 부딪치면 남보다 두세 배의 시간을 투자할 각오를 합니다. 그것이 보통 두뇌를 가진 제가 할 수 있는 유일한 방법입니다."

이 시대의 대표적인 양심기업인, 노력파, 대학생들이 가장 닮고 싶어하는 사람, 이름만으로도 신뢰를 주는 리더… 이토록 많은 수식어를 달고 다니는 안철수는 자신의 노력에 대해 늘 겸손하다.

너무 평범해서 노력하는 것밖에 달리 할 것이 없었다는 그를 만나보면 어린아이처럼 맑고 고운 인상에 압도당한다. 얼굴은 삶의 대차대조표라고 하는데, 그의 얼굴에서는 그 나이에 어울리는 인생의 굴곡이 하나도 보이지 않는다.

그는 늘 자신의 생각을 점검하고 생각대로 실천한 사람이다. 그의 철학 중 하나는 매 순간 최선을 다하는 것으로, 전자계통의 일을 좋아했던 그가 의과대학에 진학한 것은 의사인 아버지를 기쁘게 하기 위해서였다. 당시로서는 최선을 다한 것이다.

의대생이던 그가 자신이 좋아하는 일을 접지 못하고 새벽마다 일어나 백신프로그램을 만들었던 것도 누군가는 해야 하는 일이라는 생각 때문이었다. 그후, 나서기 싫어하고 내성적인 그가 기업을 차린 것도 당시로서는 최선이었다. 혼자서 하기에는 일이 너무 커졌고, 조직적으로 대응할 수밖에 없었기 때문이었다.

세계적인 보안회사 맥아피사 회장이 1천만 달러라는 거액으로 그의 회사를 인수하려 했을 때 일언지하에 거절한 것은 최선을 다하려는 그의 성격을 잘 보여준다. 그는 돈 때문에 기업을 했던 것이 아니다. 많은 사람들에게 필요할 거라는 생각으로 백신개발에 몰두했고, 그것으로 돈을 벌 욕심이 없었기에 개인적 이득을 취하지 않았던 것이다.

그가 얼마 전에 회사를 동료에게 넘기고 공부를 하러 떠난 것도 사실은 기업이 어느 정도 커졌고, 자신이 없어도 잘될 것으로 판단했기 때문이다.

그는 자신에게 충실한 사람이다. 늘 왜 사는지 그리고 제대로 살고 있는 것인지를 자문하면서 그 답에 따라 실천한다. 그래서 마음이 편안하고 아기처럼 맑은 얼굴을 유지할 수 있는 것인지도 모른다.

자기 자신답게 살아라_ 금난새

어느 날 갑자기 삶의 허무를 느끼지 않으려면 내가 추구하는 목표가 제대로 된 것인지, 헛것을 쫓고 있는 것은 아닌지, 추구하는 목표에 맞게 살고 있는지를 점검할 필요가 있다. 자신이 정말로 중요하게 생각하는 것에 대해 주기적으로 점검해야 하는 것이다. 그저 남들이 하는 대로 하거나 혹은 다른 사람이 시키는 대로 하다가는 그 과정에서 허무함만 느끼게 된다.

자신에게 충실한 사람은 표정이 맑고 무엇을 해도 언제나 밝다. 자신의 생각을 늘 점검하고 그에 맞게 살아온 유라시안필하모닉 오케스트라의 금난새 역시 50대 중반의 나이를 실감키 어려울 정도로 해맑다.

그의 철학은 명확하다. 더 많은 사람들과 음악을 나누기 위해서는 청중이 있어야 하고, 청중과 좋은 음악을 나누려면 수준 높은 오케스트라가 있어야 한다는 것이 그것이다.

그는 자신의 가치에 맞는 것이면 어려운 도전도 두려워하지 않는다. KBS 오케스트라의 전임지휘자로 12년간 정상의 자리에 있었던 그가 안정된 자리를 뿌리치고 무명의 수원시립 오케스트라를 맡기로 결정한 것도 그렇다.

그의 원칙은 간단하다. '나에게 필요한 곳보다는 나를 필요로 하는 곳에 간다'는 것이다. 당시 수원 오케스트라는 여러 가지로 어려움이 있었고 무언가 돌파구를 찾아야 할 상황이었기에 그는 그곳에 가기로 결정했다. 그리고 연습실도 없고 관객도 별로 없던 수원시립 오케스트라를 야외음악당까지 있는 일류 오케스트라로 변모시켰다.

유라시안필하모닉 오케스트라 역시 마찬가지다. 아무것도 없이 시작했지만, 그와 단원들의 열정과 노력으로 지금은 연 90회에 이르는 연주회를 하고 있다. '나를 필요로 하는 곳이면 어디든 간다'고 하는 것은 간단한 것 같지만, 사실 따르기 힘든 원칙이다. 어쩌면 보통 사람들이 따르기 힘든 원칙을 고수하며 실천하기 때문에 그가 세계적 지휘자로 거듭날 수 있었던 것인지도 모른다.

일 때문에 힘들어하는 사람은 별로 없다. 다만 일에서 별다른 의미를 찾지 못하기 때문에 힘든 것이다. 우리에게 가장 중요한 것은 '해야 할

©chosun.com

청중은 스스로 다가오지 않는다.
수준 높은 음악으로 그들을 행복하게 해줄 수 있을 때라야
비로소 그들은 음악에 생명을 불어넣어 준다.
음악은 청중과 함께해야 살아움직이는 것이다.

이유'를 찾아내는 일이다. 그 이유를 알고 있으면 어떤 상황에서도 참고 견뎌낼 수 있다. 그 이유를 찾기 위해서는 다음 달에 죽는다는 가정을 하고 가족과 친지들에게 유서를 쓰는 것도 효과적인 방법이다. 유서를 쓰면 현재 하고 있는 일이 가치 있는 것인지, 아니면 허무한 것인지 알 수 있다.

아름다운재단의 박원순 변호사는 딸 다인, 아들 주신 앞으로 된 유서에서 이렇게 얘기한다.

"돈과 지위 이상의 커다란 이상과 가치가 있음을 깨닫는 인생을 살기 바란다. 너희가 아무런 재산을 물려받지 못하고 거창한 부모를 갖지 못했다 해도 기죽지 말고 아빠가 아무런 유산을 남기지 못하는 것을 유산으로 생각해 주었으면 한다."

지금 행복한가? 만약 그렇지 않다면 그 이유는 무엇인가?

어쩌면 우리는 죽을 때까지 이 질문을 던지며 살아가야 할지도 모른다. 삶의 의미를 찾는 것은 우리에게 주어진 영원한 숙제다.

> 우리가 명심해야 할 것은 우리 각자가 세상에서
> 단 하나뿐인 존재라는 사실입니다.
> 단 하나뿐인 존재이기에 어떤 상황에 놓여 있을지라도
> 자기 자신답게 사는 일이 긴요합니다.
>
> – 법정 스님

변화도 연습하면 별 것 아니다

대다수의 사람들이 지겨운 일상이나 일을 뿌리치지 못하고 주저앉아 그럭저럭 살아간다. 마음으로는 하루에도 수십 번씩 벗어나야겠다는 생각을 하지만 그저 마음뿐이다. 그 이유는 무엇일까? 아마도 나름대로 수만 가지의 변명과 핑곗거리가 있을 것이다.

우리는 자기 자신은 물론 직업, 사는 곳, 친구, 만나는 사람 등 무엇이든 바꿀 수 있다. 그럼에도 불구하고 바꾸지 못하는 이유는 변화에 대한 대가를 치르고 싶지 않기 때문이다. 타성과 습관이라는 안전지대에서 벗어나 변화에 도전하려면 그만한 대가를 치러야 한다는 것을 아는 것이다.

그러나 세상은 끊임없이 변하고 있고, 성공한 사람들의 대부분은 그변화를 적극 받아들여 자신과 사업을 변화시킨 사람들이다. 그냥 제

자리에 서 있는 것만으로도 퇴보가 되고 마는 세상에서 변화를 받아들이지 않고 어떻게 성공하길 바라겠는가!

변화는 손잡이가 안에 있는 문과 같다. 그렇기 때문에 누군가 대신 열어줄 수 없다. 자기 스스로 열어야만 한다.

매일 조금씩 변화하는 습관을 길러라 _ 윤은기

경영컨설턴트 윤은기 박사는 세상의 움직임을 예의주시하고 거기에 맞춰 자신을 끊임없이 변화시켜온 대표적 인물이다.

그가 효성이나 삼성 같은 안정된 직장을 박차고 나와 컨설팅회사를 차린 것은 당시로선 상당한 모험이었다. 하지만 그에게 하나의 성공은 또 다른 성공을 향한 토대일 뿐, 그것으로 끝이 아니었다.

『시테크』를 저술한 뒤 시간관리 전문강사로 변신하는가 싶더니, 어느새 직장인을 대상으로 한 성공프로그램 진행을 맡고, 그 와중에 공부를 더 해서 경영학 박사학위까지 취득했다. 그리고 지금은 경영전문대학원인 서울과학종합대학 부총장으로 취임했고, 계속해서 컨설팅 분야를 넓혀가고 있다.

"변화 속에는 새로운 기회와 위험이 함께 도사리고 있다. 새로운 기회를 살리고 위험을 막기 위해서는 보이지 않는 소중한 시간자원을 창조적으로 활용하는 신전략을 찾아내야 한다. 그러나 스피드만 가지고는 성공할 수 없다. 방향설정, 타이밍 포착, 속도조절, 재충전 프로그램을 통해 경쟁력과 삶의 질을 함께 높여야 한다."

윤은기 박사의 가장 큰 장점은 시대의 추세를 읽고 그곳에 정확히 코드를 꽂아 시대의 흐름을 주도적으로 이끌어간다는 것이다.

변화도 연습을 하면 별 것 아니다. 매일 달라지는 것을 신조로 삼아 간단한 것부터 실천해보라. 예를 들면 매일 앉던 자리가 아니라 다른 곳에 앉아보기, 왼손으로 밥 먹기, 늘 메던 어깨가 아닌 다른 쪽 어깨에 가방 메기 등 생활 속에서 실천할 수 있는 변화의 노력은 얼마든지 있다.

변화를 가로막는 것은 무엇이든 버려라. 매일 조금씩 변화하는 습관을 길러라. 어제 못한 일을 오늘 해보고 어제 생긴 문제를 오늘 풀어라. 어제 잘못한 일을 오늘 개선하라. 변화란 대단한 게 아니다. 매일 조금씩 나아지려고 노력하는 것, 어제와 다른 방법으로 시도해보는 것, 그것이 변화다.

안전지대를 벗어나 늘 도전하라_최철수

편안하고 안락한 곳을 떠나 새로운 도전을 한다는 것은 말처럼 쉬운 일이 아니다. 하지만 '새로운 일을 해봐야지' 하고 마음으로만 수십 번을 되뇌어도 손에 남는 것은 없다. 어떤 결과물을 남기는 것은 생각이 아니라 행동이다.

학생시절에 미군관련 도서관에서 아르바이트를 했던 코리아인스트루먼트 최철수 회장은 어학실력 덕분에 미국 원조기관에서 남들보다 더 많은 월급을 받으며 편하게 일할 수 있었다. 너나없이 어렵던 시절이라 돈 많이 주고 일하기 편한 그곳에 들어오지 못해 안달을 하는 사람도 있었지만, 그는 생각이 달랐다.

'언젠가 미군은 떠날 것이고 대책 없이 이곳에 눌러 있으면 낭패를 당하기 십상이다.'

결국 새로운 도전거리를 찾아 나선 그는 예전 직장에 비해 월급이 훨씬 적은 동신섬유에 들어갔다. 당시만 하더라도 열악한 환경이었지만, 그래도 한국회사이고 앞으로 섬유업이 뜰 것이라는 나름대로의 예측에 따라 결정한 일이었다.

그는 그곳에서 10년 동안만 경험을 쌓기로 결심하고 최선을 다해 일했다. 그가 어학실력과 성실성을 무기로 전 세계를 누비며 일감을 따온 덕분에 회사는 나날이 성장했고, 그는 31살의 젊은 나이에 중역에 오르게 되었다.

그러나 그곳이 그의 종착역은 아니었다. 그는 안락한 자리를 박차고 나와 전문경영인으로 와달라는 유혹도 뿌리친 채 독립을 했다. 그리고 섬유업에서 20년간 한우물을 팠다.

지금 그는 시대의 변화 앞에 또다시 도전장을 내밀었다. 섬유업을 접고 생소하지만 전망이 밝은 반도체관련 사업에 도전한 것이다.

역사상 세상이 변하지 않고 가만히 있었던 적은 단 한 번도 없었다. 그러니 변화를 불평하거나 두려워하지 마라.

비관주의자는 바람에 대해 불평한다.

낙관주의자는 바람이 바뀌기를 기대한다.

성공한 사람은 바람에 맞춰 돛을 조정한다.

자기 인생의 선장으로서 어떤 자세를 취하고 싶은가?

우리는 **평생을** 자기 자신을 **변화시키는** 데 바쳐야 한다.
남녀노소를 막론하고 그 **삶에 변화가** 없다면
그의 인생은 이미 녹슬어 있는 거나 다름없다.

– 법정 스님

옳다 싶으면 일을 저질러라

리더는 성과로 평가받는다. 그가 아무리 인간적이고 사람들에게 잘 해
주었더라도 성과가 없으면 좋은 리더라고 하기 어렵다. 히딩크의 리
더십이 장안의 화제가 된 것도 그가 월드컵 4강이라는 신화를 만들었
기 때문이다.

결과로 말하라_세종

세종은 여러 면에서 탁월한 리더였다. 그의 가장 큰 성과는 1446년(세
종 28년) 정인지, 신숙주, 성삼문 등 집현전학사들과 더불어 우리 글 훈
민정음을 만든 것이다. 한글은 세상 어디에 내놓아도 손색이 없을 만
큼 훌륭한 업적이다.

또한 세종은 이순지, 장영실 등 우수한 과학자로 하여금 수많은 천문 과학기기를 만들게 하고 『칠정산내외편』 같은 천문서적을 편찬, 간행하였다. 당시 이 책은 일식과 월식의 이치를 수리로 산출하는 데 커다란 기여를 했다.

그뿐 아니라 박연으로 하여금 경석(磬石)을 찾게 하여 중국과 다른 순수한 우리악기를 만들어 정악(正樂)의 틀을 세우고 친히 2백여 곡을 작곡하기도 했다. 또한 최윤덕, 이종무로 하여금 왜적의 소굴인 대마도를 완전 소탕하게 하여 문제의 근본원인을 제거하는 쾌거를 이루었다.

그러나 개인적으로 그는 각종 질병에 시달렸다. 발걸음을 내디딜 수 없을 만큼 극심했던 각기병은 왕성한 활동을 제한했고, 몸을 돌아눕기조차 어렵게 했던 창질은 끝없는 오한에 시달리게 했으며, 조갈병(당뇨)은 온갖 합병증을 불러와 훈민정음을 반포할 무렵에는 눈앞의 신하를 알아보지 못할 정도였다.

그러한 여건에서도 국정에 임하는 그의 자세는 초인적이었다. 말로는 표현하기 어려울 정도로 육체적 고통에 시달렸지만, 경연을 소홀히 하거나 불참하는 일이 거의 없었다. 한문 대신 한글을 사용하는 것에 대한 신하들의 반대는 거의 살인적이었지만 이를 극복하고 실행하였다. 세종이 위대한 것은 실행력과 결과 때문이다.

아무리 완벽하게 계획을 세웠더라도 위험요소를 완전히 없애고 일한다는 것은 불가능하다. 상황이 좋아질 때까지 기다리다가는 평생 기다리기만 할 뿐이다.

성공하는 사람은 생각에 생각을 거듭하느라 시간을 낭비하는 것이 아니라, 위험을 무릅쓰고 행동으로 옮긴다. 그들은 '옳다' 싶으면 일을 저지른다.

음악사를 연구하는 어니스트 뉴먼은 "위대한 작곡가는 영감이 떠오른 뒤에 작곡한 것이 아니라, 작곡을 하면서 영감을 떠올린다. 베토벤, 바흐, 모차르트는 경리사원이 매일 수치계산을 하듯 매일같이 책상 앞에 앉아 작곡을 했다"고 얘기한다.

잘 모를지라도 행동하는 것이, 알고도 행동하지 않는 것보다 낫다.

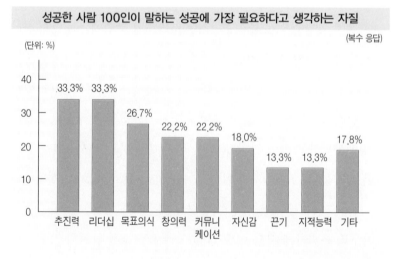

주) 기타 의견으로는 외모, 재정적 기반, 학연, 지연, 운 등이 있다.

우선 행동해야 한다 _ 정주영

현대그룹을 일군 정주영 회장은 실행력에서 단연 세계 최고라 할 수 있다.

만일 정주영이라는 인물이 없었다면 지금 한국호는 어디로 항해하고 있을까? 자동차공업, 조선공업, 중동특수가 없었다면 우리가 지금처럼 잘 살 수 있었을까?

그는 이것저것 따져보기보다 일단 실행을 하면서 생각하는 스타일이었다. 사실 자본, 기술, 인프라 등 아무것도 없던 시대인지라 상식적으로 생각하면 그가 할 수 있는 일이란 별로 없었다. 그래도 그는 황무지를 옥토로 개간했고, 그 기반에는 누구보다 강한 신념과 실행력이 있었다.

1971년, 조선업에 진출한 정주영 회장이 차관을 얻기 위해 영국 런던으로 갈 당시, 그의 손에는 조선소사업계획서와 울산 미포만의 백사장 사진 한 장밖에 없었다. 물론 그때까지 배는 단 한 척도 만들어본 일이 없었다.

그는 그렇게 조선소도 없이 선박 수주협상을 하기 위해 그리스 선주를 만났다. 그리스 선주가 "우리는 배를 만든 지 2백 년은 된 회사에 일을 맡긴다"라고 말하자, 잠시 망설이던 정주영은 자신의 호주머니에서 거북선이 그려진 5백 원짜리 지폐를 꺼내 이렇게 말했다.

"우린 5백 년 전에 거북선을 만들었소."

결국 그는 수주를 따냈고 돈과 경험도 없이 한쪽에서는 조선소를 건립하고, 다른 한쪽에서는 유조선 2척을 건조해냈다.

아무것도 없는 나라에 자동차공업을 일으키고, 배 한 척 만들어본 경험이 없는 상태에서 조선소를 만든 그의 뚝심은 엄청난 실행력을 고스란히 보여준다. 그뿐 아니라 주베일 항만공사를 수주하여 완성하고, 남들이 불가능하다고 얘기했던 서울올림픽을 유치한 것은 감동을 자아낼 정도다. 그는 당시 생소했던 스포츠 마케팅에 뛰어들어 각국 상사주재원들을 활용하여 IOC위원들을 설득했고, 결국 '바덴바덴 드라마'를 연출했던 것이다.

그는 CEO의 자질로 실행능력을 최고로 꼽는다.

"최고경영자란 여러 능력을 가져야 하지만 그중에서도 어떤 과제가 있을 때 그것을 집중적으로 실행해나갈 수 있는 힘을 가져야 합니다. 아는 것도 중요하지만 그것을 함께 일하는 모든 사람들에게 효율적으로 인식시키고, 그것이 행동에 옮겨지도록 하는 실행력이 있는 사람만이 최고의 경영자요, 훌륭한 간부라고 생각합니다. 기업이란 현실이요, 행동함으로써 이루는 것입니다. 똑똑하다는 사람들이 모여앉아 머리로 생각만 해서는 기업이 클 수 없습니다. 우선 행동해야 합니다."

그래서 그런지 그가 즐겨 사용했던 말은 "이봐, 해봤어!" 였다고 한다. 무슨 일이든 일단 해보고 얘기하라는 뜻이다.

언젠가 기회가 닿으면 해보겠다고 결심하는 사람에게 그 '언젠가'는 절대로 오지 않는다. 그때가 되면 늘 다른 일이 생기기 때문이다.

언젠가 할 거라면 왜 지금은 못하는가! 세상에는 생각만 잔뜩 하다가 아무것도 하지 못한 채 세상을 떠나는 사람들이 차고 넘친다.

정치가이자 외교관, 과학자, 저술가였던 벤자민 프랭클린은 어느 날 밭에 석회가루를 뿌리면 수확량이 늘어난다는 것을 알아냈다. 그는 그 사실을 사람들에게 알려주었지만 아무도 그의 말을 믿지 않았다. 다음 해 봄, 그는 사람들이 자주 다니는 밭에 씨앗을 심고 부분적으로 석회가루를 뿌려놓았다. 그로부터 2주일 후 씨앗이 발아하기 시작했고 그곳을 지나던 이웃들은 깜짝 놀랐다. 다른 새싹보다 유난히 높이 자란 새싹들이 '이곳은 석회가루를 뿌린 곳입니다' 라는 글을 만들어내고 있었기 때문이다. 이후, 그는 이웃 사람들과 석회가루의 효용성에 대해 더 이상 논쟁할 필요가 없었다.

혹시 늘 생각은 하고 있지만 행동으로 옮기지 못하고 있는 것이 있는가? 생각하고 결심한 것이 있다면 곧바로 실천에 옮겨야 한다. 행동이 따르지 않는 비전은 한낱 몽상에 지나지 않는다. 행동이 따르는 비전만이 세상을 바꿀 수 있다.

> 아는 것으로는 충분치 않다.
> 그것을 적용해보아야 한다.
> 하고자 함으로는 충분치 않다.
> 그것을 실제 행해야 한다.
>
> – 괴테

어떻게 꿈을 키울 것인가

1. 1년, 5년, 10년, 20년 후 어떤 삶을 살고 싶은지 나만의 인생설계도를 그려보라.

2. 그것을 달성하기 위해 매일 무언가를 하라. 책을 출간하는 것이 목표라면 매일 글을 쓰고, 몸짱이 되고 싶다면 매일 운동하라.

3. 잠들기 전과 일어날 때마다 비전을 생각하고 거기서 에너지와 활기를 얻어라.

4. 주기적으로 자신을 돌아보고 스스로에게 질문하라. 현재 내가 원하는 삶을 살고 있는지, 지금처럼 살다 죽어도 후회하지 않을지, 후회하지 않으려면 어떻게 해야 하는지를.

5. 목표를 세우되 거기에 집착하지 마라. 인생은 뜻대로 되는 것이 아니다. 장애물이 나타나면 돌아가고, 문제가 생기면 방향을 바꾸는 융통성을 발휘하라.

6. 내가 왜, 무엇을 위해 사는지 생각하고 답변을 준비하라.

7. 내가 하는 일에서 의미를 찾아라.

8. 주기적으로 유서를 쓰고 이를 업데이트하라.

9. 세상의 변화를 읽기 위한 나름의 방식을 갖고 끊임없이 자신을 변화시켜라.

10. 세상에 완벽한 계획이란 있을 수 없다. 느낌이 오면 너무 따지지 말고 일을 저질러라.

2장

좋아하는 일, 잘하는 일을 찾아라

일을 즐기는 사람이 가장 행복하다
타인의 이목으로부터 자신을 해방시켜라
다양한 경험을 통해 눈을 떠라
세상과 미래를 향해 안테나를 높여라
버려야 얻는다

세상에는 네 종류의 일이 있다. 좋아하면서 잘하는 일, 좋아하지만 잘하지는 못하는 일, 싫어하지만 잘하는 일, 싫어하고 잘하지도 못하는 일이 그것이다.

가장 행복한 사람은 당연히 좋아하면서 잘하는 일을 직업으로 삼은 사람이다. 불행한 사람은 싫어하고 잘 못하는 일을 직업으로 하는 사람이다. 자기가 좋아하고 잘하는 일을 하는 사람은 그 일을 즐기게 되고 그러면 성과가 좋아 성공할 확률이 높아진다.

그런 일을 찾는 데 있어서 가장 큰 장애요인은 타인의 이목이다. '내가 진정으로 이 일을 좋아하고 잘하느냐' 보다 '다른 사람이 이 일에 대해 어떻게 생각하느냐'에 더 큰 비중을 두면 좋아하는 일을 결코 찾을 수 없다. 그러므로 우리는 늘 자신의 목소리에 귀를 기울여야 한다.

'내가 진정으로 이 일을 좋아하는가, 죽을 때까지 이 일을 하면서 살아도 불만이 없겠는가.'

성공은 자신의 일에서 기쁨을 느끼는 것이다. 실제로 성공한 사람들을 만나보면 엄청나게 많은 시간을 일하고 분주하게 생활하지만, 피곤한 기색을 전혀 찾아볼 수 없다. 필자가 만난 성공한 사람들 역시 바쁘게 살면서도 한결같이 '한 번도 일한다는 생각으로 해본 적이 없다'고 말했다. 그것은 아마도 자신이 하는 일을 좋아하고, 그 일에서 보람을 느끼기 때문일 것이다.

좋아하는 일, 잘하는 일을 찾는 것이 성공의 제1원칙이다. 일(Vocation)을 휴가(Vacation)로 만들어야 한다.

일을 즐기는 사람이 가장 행복하다

우리는 인생을 너무 심각하게 산다. 일에 대해서도 너무 엄숙하고 경건하다. 어린시절, 운동장에 모여 부동의 자세로 교장선생님의 훈화말씀을 듣던 자세 그대로 일을 즐길 줄 모르는 것이다.

그런 의미에서 즐기는 축구를 강조했던 히딩크의 용병술은 매우 신선했다. 그는 먹고살기 위해 축구를 하는 것이 아니라, 즐기면서 해야만 기본실력 이상의 생산성을 발휘할 수 있다는 것을 알고 있었다. 그는 죽을 각오로 뛰겠다거나 그라운드에 뼈를 묻겠다는 등의 처절한 각오를 싫어했다.

강한 의지가 중요하지만 이를 악물고 그것을 끌어내려 애쓰기보다 즐기는 과정에서 자연스럽게 몰입하는 것이 더 효과적이다.

성공한 사람들은 하나같이 일을 즐긴다. 그렇게 일을 즐겼기에 성공할 수 있었던 것인지도 모른다. 일을 즐기면 성과가 오르고 성과가 오르면 인정을 받는다. 그러면 기분이 좋아져 더욱 열심히 일하게 된다. 그야말로 선순환이 이루어지는 것이다.

취미생활을 직업으로 연결해보자 _ 서정욱

살다보면 왠지 호기심이 일고 손을 한번 대보고 싶은 일이 있게 마련이다. 그런 일을 찾으면 누가 시키지 않아도 몰입을 하고 그 일에서 즐거움과 행복감을 느끼게 된다.

CDMA 상용화에 성공해 한국을 통신선진국으로 만든 전 정보통신부 장관 서정욱은 어린시절부터 자신이 좋아하는 일에 푹 빠져 지냈다. 비교적 유복한 집안에서 자란 덕분에 그의 주변에는 축음기, 전축, 라디오, 괘종시계 등 꽤 귀중한 물건들이 많았는데, 그것이 바로 그의 관심대상이었다.

호기심이 강했던 그는 눈에 보이는 것은 모두 뜯어보아야 직성이 풀렸다. 라디오 하나로 동네 사람들이 함께 방송을 들어야 했던 시절에 그 귀한 물건을 서슴없이 망가뜨리기 일쑤였던 것이다. 그것은 지금의 LCD TV나 고급휴대폰을 부수는 것 이상의 사고였다.

덕분에 그가 방문한다고 하면 친척 집에는 비상이 걸렸다. 손만 댔다 하면 망가뜨린다는 소문이 퍼진 터라 물건 숨기기에 바빴던 것이다. 그의 호기심으로 인해 부모님은 손해배상도 꽤 여러 번 했을 텐데,

한 번도 그런 일로 혼을 낸 적은 없었다고 한다.

이것은 빌 게이츠의 부모가 컴퓨터에 호기심을 보이는 아들을 위해 아예 망가뜨릴 것을 각오하고 중고컴퓨터를 구입해 아들이 마음껏 호기심을 충족하도록 해주었다는 일을 떠올리게 한다.

학년이 올라갈수록 서정욱의 호기심은 더욱 왕성해졌고 하나의 취미로 자리잡게 되었다. 그리고 중학교에 올라가자마자 본격적으로 무선에 취미를 붙여 라디오를 조립하고 관련클럽도 만들었다.

왕성한 취미생활은 고스란히 직업으로 연결되었다. 전기과에 진학한 그는 본격적인 햄(HAM, 아마추어 무선가) 활동을 하다가 마침내 전자교환기, CDMA(코드분할다중접속방식)를 개발하게 되었던 것이다.

일찌감치 자신이 좋아하는 일을 발견한 그는 지속적으로 호기심의 끈을 놓지 않고 개발하여 마침내 커다란 성공을 거둔 것이다.

하고 싶은 일을 하며 사는 사람은 행복하다 _ 최재천

아주 우연히 자신이 좋아하는 일을 발견하게 되는 사람도 있다. 그야말로 행운이 따른 경우라고 할 수 있지만, 온갖 우여곡절 끝에 얻게 된 '자기 일'은 디없이 큰 기쁨을 안겨준다.

강릉에서 태어나 아름다운 자연과 함께 성장한 최재천은 자신이 어떤 분야를 좋아하는지 발견하기 전까지는 그저 타인의 이목에서 벗어나지 않는 모범생으로 성장했다. 그리고 공부 좀 한다 싶으면 대개 의

대를 지망하는 사회적 분위기에 따라 그 역시 의대를 지망했다.

그러나 운이 따르지 않아 두 번이나 대학 입시에서 고배를 마신 그는 할 수 없이 2지망으로 선택한 동물학을 전공하게 되었다. 말 그대로 초년은 망가진 셈이다. 본래 하고 싶어하던 공부가 아니었던 터라 그는 자신이 좋아하는 일을 하면서 밥술이나 먹고살 수 있는 일이 없을까를 늘 고민했다.

그러던 어느 날 교수님으로부터 외국손님을 안내해달라는 부탁을 받았다. 그는 유명한 동물생태학자였는데, 그와의 만남을 계기로 동물학에 대한 최재천의 생각은 180도로 달라졌다. 자신의 길을 발견한 것이다.

갈 길을 발견한 사람에게 거리낄 것은 없었다. 하지 말라고 해도 열심히 공부를 했고 유학까지 다녀와 오늘날의 위치에 오른 것이다. 그는 '알면 사랑하게 된다' 는 말을 입버릇처럼 한다. 자신이 동물학을 알기 전에는 미래에 대해 늘 고민했지만, 갈 길을 알고 난 후에는 직선코스로 나간 경험이 있기 때문이다. 그는 자신의 직업을 좋아하고 자랑스러워한다.

비록 물질적으로는 친구들에 비해 나을 것 없는 처지지만, 친구들은 그의 자유로운 생활을 부러워한다. 하고 싶은 일을 마음껏 즐기면서 살아가는 그의 표정에서 행복이 묻어나오기 때문이다. 세상에서 가장 행복한 사람은 하고 싶은 일을 직업으로 하며 살아가는 사람이다.

하고 싶은 일을 하며 살고 싶다면
일단 그것을 찾아내려는 부단한 노력이 필요하다.
나의 길을 찾겠다고 늘 고심하다보면
어느 순간 그것이 보이게 된다.
무엇보다 알아야 관심을 쏟게 되므로
주어진 기회를 피하지 말고
속속들이 파헤치겠다는 자세를 지녀야 한다.

일을 열심히 하는 것보다, 멋있게 일하는 것보다 더 중요한 것은 일을 즐기는 것이다. 일을 즐겁게 하려면 자신이 잘하고 좋아하고 돈을 벌 수 있으며 인생의 목표가 되는 일, 즉 라이프 워크(life work)를 찾아야 한다. 이에 대해 행복한 부자시리즈의 저자인 혼다 켄은 꽤 재미있는 말을 들려준다.

"라이프 워크를 하는 사람은 일이 너무 좋아 어쩔 줄 모른다. 다시 태어나도 그 일을 하겠다고 말한다. 심지어 수입에는 관심도 없다. 그저 그 일을 좀더 일찍 시작하지 않은 것을 후회할 뿐이다."

어떤 일을 함에 있어 아는 자는 좋아하는 자만 못하며,
좋아하는 자는 즐기는 자만 못하다
(知者 不如好者, 好者 不如樂者).

– 공자

타인의 이목으로부터 자신을 해방시켜라

타인의 이목에 신경쓰다 보면 내 인생을 살고 있는 것인지, 아니면 타인의 인생을 대신 살아주는 것인지 의문이 들 때가 있다. 증상이 심해지면 고통의 수준을 넘어 허무함마저 느끼게 된다.

"일이 즐거우면 인생은 낙원이지만, 의무에 불과하면 인생은 지옥이 된다"는 고리키의 말처럼 남의 기준에 맞추거나 의무감 때문에 일을 하면 남는 것은 괴로움뿐이다.

자신에게 충실하지 못하면 성공하기 어렵다. 자신이 현재 하는 일을 좋아하는지, 적성에 맞는지, 그 일을 하면서 평생을 살 수 있는지를 충분히 고민해보라. 그리고 아니라는 생각이 든다면 과감히 다른 길에 도전하라. 자신에게 맞는 길을 찾아내야만 성공의 열쇠를 얻을 수 있다. 무엇보다 자기만족이 중요한 것 아닌가!

성공이란 자신에게 충실하게 사는 것이다_조안 리

『스물셋의 사랑, 마흔아홉의 성공』, 『고마운 아침』 등을 출간한 베스트셀러 작가이자, 스타커뮤니케이션 CEO인 조안 리는 남들의 이목이나 잣대에 휘둘리지 않고 스스로 선택한 길을 감으로써 성공한 인물이다.

그녀는 늘 자신이 원하는 것이 무엇인지에 초점을 맞추고 살았다. 실력과 상관없이 학교 캠퍼스가 맘에 든다는 이유로 남들의 부러움을 살 만한 학교를 포기하는 과감성도 있었다.

그녀가 자기 삶의 선장으로서 키를 마음대로 조종한 대표적 사건은 바로 결혼이다. 그녀는 서강대학교에 입학하면서 학교 총장이자 신부(神父)인 길로연과 운명적으로 만나게 된다. 그들이 아무리 서로 사랑했을지라도 신입생과 총장의 만남에 대해 사람들이 어떤 반응을 보였을지는 뻔한 일이었다. 더구나 그는 신부였다. 무수한 반대와 비난이 쏟아졌다. 특히 여성의 입장에서는 그러한 화살을 견뎌내기 어려웠을 텐데도 조안 리는 그것을 이겨내고 마침내 결혼을 했다.

그러나 '결혼은 현실'이라는 말처럼 세상 물정에 어두운 신부와 결혼한 탓으로 그녀는 경제적 어려움에 처하게 되었다. 한동안 이 문제로 고민하던 그녀는 새로운 발상을 하게 된다.

'남편이 경제적으로 무능하면 내가 벌면 될 것 아닌가. 세상에 남자만 돈을 벌라는 법이 없지 않은가.'

그녀는 본격적으로 사회활동을 시작했고 사랑과 더불어 비즈니스에서도 성공을 거두었다.

그녀는 늘 남의 눈치를 보거나 사회적 인식을 우선시하기보다 내가 무엇을 원하는지, 지금 하고 있는 일이 내가 원하는 것인지를 생각한다.

"이제는 친구들이 저를 부러워해요. 친구들은 사회적 요구대로 순종하며 살아왔고 저는 제가 하고 싶은 대로 살아왔지요. 그러다 보니 어렵고 힘들 때도 많았지만, 제 방식이 옳았다고 생각합니다. 성공은 자신에게 충실하게 살 때 찾아오지요."

아니라는 생각이 든다면 다른 길에 도전하라_고현진

'일류고-일류대-대기업 취업'은 사람들이 선망하는 엘리트코스다. 그것을 위해 오늘 이 순간에도 초등학교시절부터 아이들은 밤늦도록 이 학원 저 학원으로 뺑뺑이를 돌고, 부모들은 허리가 휘도록 벌어서 사교육에 털어 넣기 바쁘다. 그러나 그러한 사회적 잣대가 반드시 본인에게 행복을 안겨주는 것은 아니다.

한국소프트웨어진흥원의 고현진 원장은 말 그대로 엘리트코스를 밟아 한국은행에 취업했다. 물론 남들이 선망하는 직업인 데다 안정적이긴 했지만, 그에게는 늘 비슷비슷한 일을 하는 은행업무가 따분하게 느껴졌다. 더욱이 모든 품의서를 손으로 정서해야 했는데, 글씨를 잘 못 쓰는 그에게 그 일은 매우 고통스러웠다.

그러다 어느 순간, 이것은 자신의 일이 아니라는 느낌이 들었다. 그러던 차에 IBM에 다니는 후배를 만났는데, 그 후배는 늘 해외출장으로 자리를 비우곤 했다. IBM이 무슨 일을 하는 회사인지는 잘 몰랐지만, 해외출장 한 번 가기가 하늘의 별 따기만큼 어려운 그에게 후배의 일은 신기하기만 했다.

그러던 어느 날 그에게 기회가 찾아왔다. IBM에서 금융권출신을 채용한다는 공고를 냈고 그는 지체없이 응시했다. 당시 최고의 직장이었던 한국은행에서 다른 직장으로 옮긴다는 것은 말도 안 되는 일이었지만, 그는 과감하게 도전했고 그렇게 정보통신업계에서의 생활이 시작되었다.

IBM으로 옮기자 그동안 숨어 있던 도전의식이 솟구쳤다.

"개인의 자율적인 권한과 책임, 자유롭고 경쟁적인 분위기는 금융기관에서 느끼지 못했던 신선함 그 자체였지요. 모든 것을 내가 직접 판단하고 판매해야 한다는 것은 이전까지의 나로부터 커다란 변화를 요구했습니다."

은행에서 폼 잡고 일하던 그에게 난생 처음 해보는 영업은 인생의 전환점이 되었다. 그것은 내면에 꿈틀거리던 도전의식을 강하게 끌어올렸던 것이다.

"남에게 물건을 판다는 것은 새로운 경험이었습니다. 상대의 동의를 이끌어내고 공감대를 형성해야 하는 영업을 통해 점점 세상에 대해 눈을 뜨게 되었지요."

즐기면서 일하라_ 김해동

"놀면서 일하고, 일하면서 놀아라."

언뜻 보기에 말도 안 되는 얘기 같지만, 일을 즐기면 얼마든지 가능한 일이다. 그리고 어쩌면 자신에게 가장 충실한 모습인지도 모른다.

세계적인 의료관련 기업 비브라운(B. Braun)의 김해동 사장. 그의 인생 키워드는 '멋지게 노는 것'이다. 자신이 노는 것을 좋아하고 규칙이나 원칙에 얽매이기를 싫어한다는 것을 너무도 잘 알고 있던 그는 처음부터 취업이라는 것을 생각하지 않았다. 대학을 졸업하자마자 무역전선에 뛰어들었고 처음부터 사업을 시작했다.

그는 비브라운 한국사장을 하면서 혁혁한 성과를 거둬 아시아·태평양지역 사장으로 승진했고, 현재 말레이시아 페낭에서 살고 있는데, 산하의 직원만 해도 6천 명에 이른다.

그는 노는 면에서 입신의 경지에 이른 사람이다.

테니스, 당구, 볼링, 골프 등 다양한 취미를 갖고 있고, 16년 경력의 스쿠버 마스터다이버이며 27년 경력의 스키광이자 와인 마니아다. 일부 종목은 단순한 취미를 넘어 프로의 경지에 오른 것도 있다. 이는 한 가지를 하더라도 원리를 찾고 몰입하는 그의 성격 때문이다.

평생을 즐기듯 일해온 그는 늘 'Fun Working'을 강조한다. 그리고 직원들 역시 자신처럼 즐기면서 일하기를 바란다. 그래야 본인이 행복하고 일의 성과도 오르며 더불어 회사도 발전한다고 믿기 때문이다.

물론 말로만 즐기라고 하는 것은 아니다. 사내에 각종 동호회를 만들고 이를 지원하고 있으며 카페테리아와 와인 바 설치, 전망 좋은 사무실, 안락한 인테리어 등 직원들이 즐기면서 일할 수 있도록 많은 신경을 쓰고 있다. 그의 펀(Fun)경영은 '3년 내 2배 매출달성(Mission Double in Three)'이라는 다소 힘든 목표를 2년 만에 성공적으로 달성하는 쾌거를 안겨주었다.

남이 생각하는 기준에 나를 맞추는 것은 실패의 지름길이다. 설사 내가 싫더라도 부모님이 원하니까 아니면 사회적 잣대 때문에 그 길을 따라간다면 남는 것은 회한뿐이다. 남들 눈에 아무리 그럴 듯해 보여도 본인이 행복을 느끼지 못한다면 무슨 소용이 있는가!

남은 원래 무책임한 존재다. 끼어들긴 많이 끼어들어도 결코 책임을 지지는 않는다. 성공은 본래 자신이 원하는 모습으로 살아가는 것이다. 자기만족을 해야만 성공이라고 할 수 있다.

지금도 가보지 않은 길에 대해 아쉬움과 후회가 남아 있다면 한번 도전해보라. 언제까지나 생각 속에서만 머문다면 그 길은 영원히 개척되지 않은 채 가시덤불과 잡초만 무성히 자라난 길로 남게 될 것이다. 자신이 정말로 좋아하는 일이 무엇인지 늘 생각하고 끊임없이 방향을 수정해나가는 과정 그 자체가 성공이다.

너 자신이 되어라(Be Yourself).
– 폴 오스틴

다양한 경험을 통해 눈을 떠라

사람이 미래를 내다볼 수 있는 능력은 나이를 먹을수록 발달한다고 한다. 다양한 경험이 축적되면서 어떤 상황에 직면했을 때, 과거의 경험을 충분히 녹여내 미래로 연결시키는 능력이 생기기 때문이다.

우물 안의 개구리에게 우물 밖의 세상에 대해 설명하는 것은 불가능하다. 개구리가 그것을 알려면 우물 밖으로 뛰쳐나와 스스로 경험하는 수밖에 없다.

경험을 통해 자신을 단련하라 _ 김영태

초기에 사람들에게 '신기한 소리통'으로 불렸던 라디오는 1866년 아산만에서 통상을 요구하던 프로이센인 오페르트를 통해 처음으로 국내에 전해졌다. 그로부터 93년 뒤인 1959년에 금성사가 국산 라디오 개발에 나섰다. 하지만 처음에 주위의 반응은 싸늘했다.

"럭키가 구리무로 돈 쪼깨 벌더니 씰떼없는 짓을 하는구먼."

그러나 금성사의 라디오는 당시 5 · 16군사 쿠데타의 정당성을 홍보하기 위해 골머리를 앓던 정부가 대대적으로 '농촌에 라디오 보내기 운동'을 펼치면서 날개 돋친 듯 팔려나갔다. 더불어 금성사는 급격하게 성장했고 라디오를 수출하기에 이르렀다.

금성사 신입사원 시절 처음으로 라디오를 수출한 뒤, LG화학으로 옮겨 초대구매과장을 지냈던 사람이 바로 현 프리씨오이 대표이자 엘지그룹의 인사자문인 김영태 사장이다. 그는 지금의 엘지CNS를 만들어 반석 위에 올린 인물로, 엘지그룹을 만드는 데 기여한 전문경영인이자 한국 SI(system integration)업계의 산 증인이다.

더욱이 그는 강직성척수염, 일명 대나무병(Bamboo disease, 척추가 굳어지면서 허리가 굽는 병)이라는 질병을 극복하고 기업을 일궈내는 인간 승리의 모범을 보여주었다.

그의 성공요인은 여러 문화를 거치면서 다양한 경험을 통해서 자신의 주특기를 발견해 갈고닦은 데 있다.

부모님이 일본유학 중에 결혼을 하시고 사업차 일본에서 생활하는 기간이 길었기에 그는 쉽게 일본어를 배울 수 있었다. 여기에 영문학을 전공하여 3개 국어를 할 줄 알았던 그는 다양한 경험과 뛰어난 적응력으로 주어진 과제마다 훌륭하게 마무리짓는 능력을 발휘했다.

엘지그룹 입사 후 적어도 3년에 한 번은 회사가 바뀌거나(금성사, 럭키화학, 기획조정실 등) 하는 일(수출, 구매, 경영지원, 회계 등)이 완전히 달라졌지만 그때마다 도전을 성공적으로 수행하여 능력을 인정받았다.

휘문고에서 영어교사로 5년간 일하고, 1년 동안 쉬면서 영한사전, 영어문제집, 영어단어집 등의 책을 펴냈으며 번역, 학원운영 등 다양한 경험을 쌓는 동안 그는 환경에 잘 적응하는 유연하고 강한 사람으로 거듭날 수 있었던 것이다.

경험은 사람을 성숙하게 만드는 원동력이다_김구

우리는 다양한 경험을 쌓는 과정에서 자신의 강점을 발견하고, 주어진 상황에 적응할 수 있는 힘을 키우게 된다. 설문조사에서 정치인들이 가장 존경하는 사람으로 꼽은 백범 김구 선생 역시 젊은 시절 많은 경험을 했다.

백범 김구 선생은 열두 살부터 과거시험을 준비했지만, 실력보다는 돈이나 권력으로 관직을 사고팔던 당시 세태에 실망하여 포기하고 말았다. 그러다가 점쟁이가 되기로 마음먹고 풍수와 관상을 공부하다가 열여덟 살에 동학에 빠져들어 어린 나이에 동학의 접주가 되었다. 열아홉 살에는 동학군의 선봉장으로 해주성을 공격했지만 뜻을 이루지 못하고 안태훈의 집에 피신해 있던 중에 그의 아들인 안중근 의사를 만나기도 했다.

이후 일본 깡패들이 경복궁에 침입하여 명성황후를 시해하는 사건이 벌어지고 단발령까지 내려지자, 왜병 중위를 맨손으로 처단하였다가 체포되어 사형선고까지 받았다. 그러던 중 탈옥하여 승려가 되었다가 기독교로 개종한다.

그후에는 이동녕, 안창호, 양기탁 등과 함께 신민회를 결성하여 구국운동을 펴는 한편 양산학교와 보강학교를 세워 교육운동에 힘썼다. 1911년에는 총독을 암살하려던 안명근 의사가 거사 전 잡히는 바람에 관련자로 체포되어 17년형을 받았다.

7년 만에 가석방된 김구 선생은 농민계몽운동에 힘쓰다가 일본 경찰들의 심한 감시를 피해 중국 상해로 갔다. 그로부터 길고 긴 27년 동안의 망명생활이 시작되었다.

일생을 통해 이처럼 다양한 경험을 한다는 것은 쉬운 일이 아니다. 어쩌면 그 경험 덕분에 두고두고 후세의 추앙을 받을 정도로 백범 김구 선생이 많은 일을 이뤄낸 것인지도 모른다.

경험이 중요하긴 하지만 위험한 측면도 있다. 어차피 그것은 지나간 과거이므로 집착하는 것은 바람직하지 않다. 아무리 성공한 경험일지라도 변화가 빠르게 이루어지고 있는 현실에서는 금세 구식 성공법으로 전락하기 일쑤다. 따라서 자신의 경험만을 맹신하거나 한곳에 너무 깊이 빠져드는 것은 피해야 한다.

무엇보다 중요한 것은 경험도 다 때가 있다는 것이다. 기왕이면 한

살이라도 젊을 때 여러 가지 경험을 해보고 그 경험 속에서 뭔가를 배우려고 노력해야 한다. 그런 면에서 일본의 석학 다치바나 다카시의 다음 얘기는 음미해볼 가치가 있다.

"사상(思想)에서는 이꽃 저꽃 옮겨다니는 나비처럼 변덕을 부리는 것이 좋다. 젊어서부터 무언가에 푹 빠져버리면 다양성을 경험하는 건강함을 잃고 만다. 다양한 사상을 접해두지 않으면 새로운 사상을 만났을 때 그것을 바르게 평가하지 못한다. 경험 없이는 사상을 평가하는 기준 축을 만들지 못하기 때문이다."

"자연은 순수를 혐오한다."
다윈 이래 가장 위대한 생물학자로
칭송받았던 해밀튼 박사의 말이다.
잡종강세(雜種強勢)는 진리다. 섞여야 강해진다.
– 최재천

세상과 미래를 향해 안테나를 높여라

언젠가 TV에서 평생 뻥튀기만을 해온 할아버지를 보게 되었다. 그는 젊은 시절부터 같은 장소에서 같은 설비로 옥수수나 쌀, 콩 등을 튀겨 왔다고 한다. 또한 33년간 비가 오나 눈이 오나 학교 졸업식장과 입학식장을 찾아가 사진만 찍어온 사람도 본 적이 있다.

이들은 세상을 전혀 읽으려 하지 않고 늘 하던 일을 같은 장소에서 습관적으로 계속해온 것이다. 그것이 천직이라 생각해서 혹은 그 일이 좋아서라고 한다면 할 말이 없지만, 왠지 그런 이야기를 들으면 답답하다.

세상에서 가장 대책 없이 사는 사람이 세상 흐름과 무관하게 살아가는 사람들이다. 시골의 시장 뒷골목이나 도시 변두리의 좁은 골목에 자리잡은 솜틀집, 얼음집, 사진관을 보면 아련한 옛 추억이 떠오른다. 하지만 한편으로 과연 저 일을 해서 먹고살 수 있을까 하는 의구심이 든다.

성공하는 사람은 현 위치를 잘 파악하고 미래 방향을 명확히 한 후 최선을 다해 돌진한다. 그들은 GPS를 사용해 가장 빠르고 막히지 않는 길을 가는 자동차와 같다.

미래를 읽고 추진하라_ 장보고

'해적들을 소탕하지 않으면 신라의 해상무역이 위태로워지겠군. 무엇보다 해적들이 신라인을 노비로 팔아넘기는 꼴을 그냥 보아넘길 수가 없어!'

뛰어난 무예 덕분에 당나라 서주지방의 무령군에서 소장(小將)의 지위에 오른 장보고는 해적의 노략질로부터 신라인을 보호하고 해상질서를 바로잡기로 결심하고 828년 귀국했다. 그리고 홍덕왕에게 아무도 생각지 못했던 특별 제안을 했다. 당과 신라, 일본을 왕래하는 해로의 요충지였던 서남 해안 작은 섬 완도에 청해진을 설치하겠다는 것이었다. 장보고의 제안은 받아들여졌고 그는 해적들을 남김없이 소탕하는 것은 물론 각국의 무역사절이 묵을 수 있는 영빈관과 일반 상인들을 위한 객관을 설치하였다. 이로써 당나라와 일본을 비롯해 멀리 남중국해에 이르는 동아시아 해상질서를 주도하게 되었다.

수많은 배들이 안전하게 접안할 수 있는 시설은 물론, 이들의 안전

항해를 보장하는 군사시설 등을 작은 섬 완도에 갖췄다는 것은 놀라운 혜안이라 할 수 있다.

장보고는 처음부터 당나라와 신라 그리고 일본을 연결하는 동아시아 국제무역을 염두에 두었던 것이다. 당나라와 일본에 뿌리를 내리고 살던 신라인들을 조직화하고, 그들의 힘과 재능을 묶어 거대한 국제 세력으로 키워냈다. 이는 시대를 읽어내는 안목과 그것을 실현시킨 추진력이 빚어낸 결과다. 그의 무역전략은 시대를 앞서간 도전이었고 성공이었다.

성공의 지름길 중 하나는 경쟁이 덜 치열한 곳, 소위 블루오션시장에 먼저 진출하는 것이다. 이것은 직업시장이든 제품시장이든 마찬가지다. 그러기 위해서는 미래를 읽고 대비하는 자세가 필요하다.

『미래예측 리포트』는 미래의 우리 삶을 이렇게 예측하고 있다.

"2020년에는 경찰, 검찰, 법관의 역할이 최소화할 것이다. 법률은 기록하고 자동으로 다운로드하고 업데이트하기가 가장 용이한 분야이기 때문이다. 기술이 발달하면 이런 법령을 인간이 외우고 적용하는 것이 아니라 수퍼컴이 생각하고 적용을 한다. 미래의 모든 법은 관련 기기, 즉 자동차, 문, 빌딩에 내장된 칩에 쓰여 있고 그들이 실제상황에서 법을 읽고 집행한다. 사고가 나도 사고차량에 내장된 칩이 사고 경위나 사고에 해당하는 법령을 알려주어 그 자리에서 법집행이 가능하다. 이른바 자동 법집행의 시대가 되는 것이다."

개인의 GPS를 끊임없이 움직여라 _ 조동성

빠른 속도로 변화하는 세상에서 지속적으로 성공을 이루려면 변화추세를 읽어낼 줄 알아야 한다. 미래시장이 어디로 움직일 것인지, 나의 현주소와 비전은 무엇인지, 지금 하는 일이 미래의 변화추세에 들어맞는지, 만약 그렇지 못하다면 어떻게 맞춰야 하는지 등 미래를 위해 끊임없이 고민해야 하는 것이다.

그런 의미에서 조동성 교수는 세상의 흐름을 읽고 지속적으로 변화해온 대표적 인물이다. 하버드대학에서 마이클 포터와 함께 전략을 전공한 그는 국내에 '전략'이란 개념조차 없던 시절에 처음으로 전략을 가르쳤다.

그러나 지금 그를 전략전문가로만 생각하는 사람은 거의 없다. 그는 계속 자신의 관심분야를 넓히고 그것을 경영과 연계시켜왔기 때문이다. 디자인경영, 윤리경영, 환경경영 등 경영과 관련하여 많은 이론과 실천요령을 개발했고, 그것을 통해 비즈니스맨들에게 실질적인 도움을 주었다.

그는 세상의 흐름을 읽기 위해 몇 가지 핵심적 활동을 하고 있다.

첫째, 경영자를 위한 독서모임 MBS(Management Bookreading Society)를 열고 있다. 경영자가 읽을 만한 책을 선정한 다음, 저자를 불러 매주 월요일 모임을 갖는 것이다.

둘째, 젊은 마음을 가진 경영자의 모임을 연다. 말 그대로 젊은이들을 이해하기 위한 모임으로 컴퓨터게임 프로그래머나 가수 혹은 다양한 곳에서 마음껏 끼를 발산하는 젊은이들을 초청하여 그들과 호흡을 함께하는 것이다.

이밖에도 MBA프로그램을 운영하면서 다양한 회사에서 온 사람들과 대화하며 외국대학과 연계하여 세상 흐름을 따라잡기 위해 노력하고 있다.

세상의 변화 흐름을 따라잡으려면 현실인식, 자기인식으로부터 출발하여 변화의 한가운데로 나서야 한다. 그곳에 굳건히 서서 성공을 향해 낚싯대를 드리워야 한다. 그렇다고 가만히 서 있기만 하면 성공은 절대로 떡밥을 물지 않는다. 끊임없이 개인의 GPS를 미래의 추세에 맞춰 성공이 가는 길목을 따라잡아야 한다. 그래야만 성공을 낚을 수 있다.

미래는 예측될 수 없다. 창조될 뿐이다.

- 윤종용

버려야 얻는다

간혹 주변에서 불평바이러스를 이곳저곳으로 퍼뜨리고 다니는 사람을 만난다. 그들은 '회사생활이 지옥'이라고 하면서도 절대 회사를 그만두지 않는다. 또한 '내가 이런 일이나 하고 살 사람이 아니야'라고 큰소리를 치면서도 정작 다른 일은 시도조차 하지 않는다.

이런 사람들은 사사건건 남을 탓하면서 족집게 도사처럼 기막힌 핑곗거리를 찾아낸다. 왜 그럴까? 그것은 불평을 하는 것이 불평거리를 없애기 위해 무언가 행동을 하는 것보다 쉽기 때문이다. 새롭게 도전하면 뭔가 이룰 수도 있지만, 그러다 지금 가진 것마저 잃을까 두려워 속으로 끙끙댈 뿐, 선뜻 행동하지 못하는 것이다.

지금의 '나'는 그동안 내가 선택하고 행동한 결과다. 물론 미래의 내 모습은 지금 내가 선택한 행동의 결과가 될 것이다. 누구도 그 선택을 강요하지 않는다. 선택은 자기 자신에게 달려 있다.

분명한 사실은 성공자들에게도 안전지대가 있었지만, 그들은 편안함 대신 불확실한 도전을 선택했다는 점이다. 그들은 불평하기보다는 자신의 인생을 적극적으로 디자인했다.

편안함 대신 불확실한 도전을 선택하라_ 서두칠

'현실 안주'를 쥐약처럼 여기는 사람에게 미래는 흥미진진한 도전거리다. 이들은 하나의 성공에 안주하지 않고 끊임없이 미지의 세계를 탐험하듯 미래에 도전한다.

부실기업 한국전기초자를 초일류기업으로 일으켜세운 서두칠 사장은 남들이 입맛을 다시며 아쉬워하는 자리를 과감히 박차고 나와 새로운 것에 도전하는 것으로 유명하다.

어려운 집안 살림 때문에 군 생활을 포함해 대학을 8년 만에 졸업한 그는 기업이 거의 없던 시절 농협에 들어갔다. 그곳에서 뛰어난 영어 실력을 인정받아 중앙회로 발탁되었고, 곧이어 새마을지도자로 특채되는 영예를 누렸다. 그러나 자신의 진취적이고 개혁적인 성향이 안정적인 금융업과 맞지 않는다고 판단한 그는 주위의 반대를 무릅쓰고 과감히 사표를 던졌다.

그후, 대우그룹에서 제2의 인생을 시작한 그는 한국전기초자에 부임하여 1997년 말 부채율 1,114퍼센트에 달하는 부실기업을 3년만에 기사회생시키며 기적을 만들어냈다. 지금은 IT회사인 동원이스텔시스템을 운영하고 있으며 동시에 서울과학종합대학에서 박사학위를 준비중에 있다. 자기 삶에 안정을 허락하지 않는 그는 하나를 정복하고 나면 또다시 새로운 도전거리를 찾아 부단히 노력한다.

충전 없이 계속 일만 하는 것은 어리석다_송승환

10시간을 줄곧 나무를 베는 나무꾼과 1시간 간격으로 10분 정도 쉬면서 10시간 동안 나무를 벤 나무꾼 중에서 어떤 사람이 더 많은 나무를 벨까? 언뜻 생각하기에는 10시간 동안 쉬지 않고 줄곧 나무를 벤 나무꾼이 더 많이 벨 것 같지만, 사실은 그렇지 않다. 후자의 경우 휴식을 취하는 10분 동안 도끼날을 갈기 때문이다.

지속적인 추진력을 위해서는 충전시간이 반드시 필요하다. 기업이든 개인이든 마찬가지다.

기업의 구조조정은 잘 나갈 때 해야 하고, 개인 역시 잘 나갈 때 변화를 주고 도전하고 새로운 선택을 해야 한다. 그래야 오래 지속할 수 있다. 그러나 말처럼 쉬운 일은 아니다. 잘 나갈 때는 굳이 어려운 선택을 할 필요성을 느끼지 못하기 때문이다.

성공하는 사람은 잘 나갈 때 과감히 새로운 일에 도전한다.

1985년, '젊음의 행진'이라는 인기프로그램의 사회를 보면서 절정의 인기를 누리던 송승환 대표는 뭔가 변화를 주어야겠다고 생각한다.

아역시절부터 20년간 쉬지 않고 달려와 지치기도 했고, 문화적으로 너무 많은 갈증을 느꼈기 때문이다.

그는 어느 날 갑자기 모든 것을 버리고 유학을 가기로 결심했다. 최고의 인기를 누리던 스타가 모든 것을 버리고 유학을 가겠다고 하자 주변에서 모두 말렸다. 그러나 그는 젊었을 때 하고 싶은 것 하고, 보고 싶은 것 보고, 배우고 싶은 것을 하나라도 더 배우는 것이 미래를 위해 가치있는 일이라고 생각했다. 아무런 충전 없이 계속 활동을 하는 것은 어리석은 일이라 생각한 것이다. 그것은 매우 현명한 선택이었다. 만약 그때 그런 선택을 하지 않았다면 한국 문화계에 한 획을 그은 난타도, 오늘날의 송승환도 없었을 것이다.

뭔가 새로운 것을 얻기 위해서는 버릴 수 있는 용기가 필요하다. 아무것도 잃지 않으면서 새로운 것을 얻을 수는 없다.

미국 프로야구계에 신기원을 이룩한 이치로 선수는 그런 면에서 벤치마킹 대상이다. 그는 늘 훈련방법을 변화시킨다. 초등학교 시절, 그는 빠른 공에 적응하기 위해 계속 속도를 높였다. 처음에는 시속 100킬로미터, 5학년 때는 110킬로미터, 6학년 때는 120킬로미터… 그러다가 기계로는 더 이상 높이기 힘들어지자 배팅센터에 부탁해 130킬로미터까지 나오도록 개조했다. 하지만 여기에 만족하지 않고 기계 쪽으로 2, 3미터 다가가 연습을 했다. 그런 방법으로 그는 시속 150킬로미터에 대응하는 타격법을 익히게 되었다.

그는 획일적인 연습방법을 가장 싫어했다. 몇 번 해보고 효과가 없으면 그 방법을 과감히 버렸다.

당신은 지금 행복한가?

행복하지 않다는 생각이 들 때, 더 이상 지금처럼 살고 싶지 않을 때야말로 가장 변화가 필요한 때이다. 선택권은 당신에게 있다.

세상에서 가장 위험한 일은
위험을 전혀 감수하려 하지 않는 것이다.
잡고 있는 헌 밧줄을 놓아야 새 밧줄을 잡을 수 있다.
똑같은 일을 비슷한 방법으로 계속하면서
나아질 것을 기대하는 것만큼 어리석은 일은 없다.

– 아인슈타인

실천 매뉴얼 2 하고 싶은 일을 어떻게 찾을 것인가

1. 좋아하는 일, 잘하는 일을 찾아라. 그래서 일(Vocation)을 휴가(Vacation)로 만들어라.

2. 다양한 경험에 과감히 도전하고, 가능한 한 여러 문화권에 자신을 노출시 켜라. 외국어를 잘 하는 것, 다양함을 잘 받아들이는 것, 낯선 환경에 쉽게 적응하는 것은 큰 자산이다.

3. 순수라는 말을 믿지 마라. 섞여야 강해진다. 잡종강세를 믿어라. 비슷한 깃털을 가진 사람보다는 다른 분야의 사람들과 어울려라.

4. 나 자신이 되어라. 남의 눈보다는 나의 느낌과 직관을 믿어라. 타인의 눈 으로부터 자유로워져라.

5. 인생을 너무 심각하게 살지 마라. 뼈를 묻겠다는 각오로 일해서는 좋은 성과를 기대할 수 없다. 즐길 때 성과도 나는 법이다.

6. 계속해서 새로운 분야에 도전하라. 깊게 파기 위해서는 넓게 파야 한다.

7. 주기적으로 이력서를 업데이트하라. 그리고 생각하라. 당신이 사장이면 당신을 채용할 것인지.

8. 쓸데없이 과거에 사로잡히지 마라. 배우는 것만큼 잊는 것도 중요하다. 과거를 잊으면 언제 어디서든 새 출발을 할 수 있다.

9. 소수의 편에 서라. 남들이 안 하는 일, 피하는 일에 자신을 바쳐라. 남들 이 안 하는 일을 하면 경쟁이 적다.

10. 자신만의 정보수집 · 분석 · 활용 방법을 가져라. 그래야 미래의 추세를 읽고 발 빠르게 적응할 수 있다.

3장

사소한 것을 소중하게 생각하라

사소한 것은 결코 사소하지 않다
성공하는 사람은 시간을 황금보다 귀하게 쓴다
미치지 않으면 이룰 수 없다
절제가 성공을 지속시킨다
신뢰 지키기에 목숨을 걸어라
가장 어려운 성공은 가정에서 성공하는 것이다

성공의 출발점은 자기관리를 잘 하는 데 있다. 무엇보다 신뢰를 쌓고 무엇이든 성실히 수행해야 한다. 성실이 빠진 성공은 불가능하다. 혹시 운 좋게 성공했을지라도 성실이 뒷받침되지 않으면 쉽게 무너진다.

성공은 완성이 아니라 진행형이므로 철저한 자기관리는 필수적이다. 절제, 신뢰, 자기계발, 함께 나누기는 물론, 사소한 것도 소홀히하지 않는 것 역시 자기관리다.

'한국인 성공의 조건' 프로젝트에서 실시한 조사결과에 따르면 성공한 사람들이 지닌 특징 중에서 1위가 성실로 91.5퍼센트를 차지했다. 그리고 인생의 성공에서 가장 중요하다고 생각하는 것은 노력이

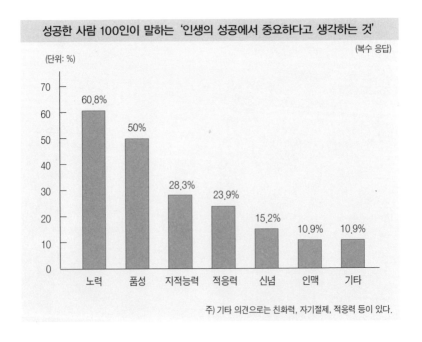

성공한 사람 100인이 말하는 '인생의 성공에서 중요하다고 생각하는 것'

(복수 응답)

(단위: %)

주) 기타 의견으로는 친화력, 자기절제, 적응력 등이 있다.

60.8퍼센트, 품성이 50퍼센트로 나타났다.

'성공한 사람' 하면 흔히 떠올리는 이미지는 온몸이 권위의식으로 둘러쳐져 감히 접근하기 힘든 모습이다. 또한 그들은 사소한 것이 아니라 큰 관심사에만 신경을 쓰고, 웬만한 것은 시시콜콜 따지지 않으며 별 것 아닌 시간약속은 쉽게 어긴다고 생각한다.

그러나 실제 성공한 사람들을 만나보면 의외로 소탈하고 인간적이라는 것을 알 수 있다. 내가 만난 사람들은 하나같이 꼼꼼하고 치밀하고 사소한 것을 소중하게 여길 줄 알았다. 심지어 그들은 지나가는 말처럼 한 약속도 반드시 지킨다. 별 것 아닌 것도 짚고 넘어가기 때문에 때론 좁쌀영감이라는 소리도 듣는다.

사소한 것은 결코 사소하지 않다

성공은 뭔가 크고 원대한 것이 아니라 철저하게 자기 자신으로부터 출발한다. 자신의 몸과 마음을 잘 다스리는 것, 자기가 현재 하고 있는 일에서 성과를 내는 것, 치밀하게 따져보고 실행하는 것이 우선이다. 그렇기 때문에 성공한 사람들 중에는 꼼꼼한 성격을 가진 사람이 의외로 많다. 자신만의 기준을 정해놓고 언제 어떤 상황에서든 반드시 그것을 지키고자 노력한다. 어쩌면 그러한 자세 때문에 성공이라는 선물을 받은 것인지도 모른다.

거대한 둑도 손가락 굵기만 한 구멍 하나로 무너지듯, 사람은 큰 실수로 망가지는 게 아니다. 오히려 생각지도 못했던 사소한 일 때문에 무너지는 경우가 많다. 그러므로 사소한 것을 소홀히해서는 안 된다.

사소한 성실이 쌓여 성공을 만든다. 사람이 성실성만 있다면 다른 것은 문제되지 않는다. 반면, 성실성이 없다면 그밖의 것은 따질 필요도 없다.

하나를 하더라도 꼼꼼하고 철저하게 _ 정종환

주변에서 '정말 대단하다' 라는 탄성이 절로 나올 정도로 완벽하게 일처리를 하는 사람을 만나기도 한다. 그런 사람은 작은 것 하나를 하더라도 꼼꼼하게 조사하고 철저하게 파헤쳐서 최고의 것을 만들고자 한다.

철도청장을 거쳐 현재 철도시설공단 이사장을 맡고 있는 정종환이 그렇다. 일에 관한 한 그는 완벽주의자다. 뭐 하나를 하더라도 대충 하는 법이 없다.

공무원생활을 시작한 지 얼마 되지 않았을 무렵, 그는 홍보용 필름을 제작하는 임무를 맡았다. 어떻게 구성해야 할 것인가를 두고 고심하던 그는 관련영화를 모두 구해 며칠 밤을 새워가며 그것을 꼼꼼히 분석했다. 마침내 그의 작품이 만들어졌을 때, 관련자들은 이구동성으로 말했다.

"정말, 대단해!"

필자의 강의가 있던 날, 맨 앞자리에 앉은 그의 까칠한 얼굴을 보고 한마디 건넸다.

"많이 피곤해보입니다."

"네. 며칠 동안 노사협상을 진행했고, 어제는 최종협상 때문에 밤을

꼬박 새웠습니다."

하지만 그는 충혈된 눈을 부릅뜨고 2시간 동안 이어진 강의를 꼼꼼히 메모해가며 열심히 들었다. 가끔은 사람을 보면서 아름답다는 생각을 하기도 하는데, 그의 모습은 정말 아름다웠다. 모든 것에서 최선을 다하려는 태도가 존경스러웠다.

기본에 충실하라_ 허태학

세상에 사소한 것은 없다. 그저 자기 기준으로 사소한 것이라고 여길 뿐이다. 그리고 그러한 인식 때문에 큰 코를 다치기도 한다.

그런 의미에서 삼성석유화학의 허태학 사장은 평생 큰 코 다칠 일이 한 번도 없을 거라는 생각이 들 정도로 빈틈이 없고 치밀하다. 서비스업계의 살아 있는 전설로 불리는 그는 특히 시간약속에 철저하다. 항상 초대한 손님을 위해 먼저 나와 기다린다. 그렇게 존중을 받으면 누구나 기분이 좋아지게 마련이다.

그가 상대방에게 하는 질문에는 따뜻함이 묻어난다.

"지난번에 책을 내신 것 같은데 잘 팔리죠?"

"애들은 잘 있지요?"

"힘든 일은 없나요?"

"회사에 무슨 일이 있는 것 같은데, 괜찮습니까?"

일에 있어서도 '큰 것' 보다는 '작은 것' 에 많은 신경을 쓴다. 그에게 큰 것은 기본이고 작은 것도 그에 못지않게 중요하기 때문이다.

특히 그는 고객관리 측면에서 직원들이 옷을 깔끔하게 입고 다니는지, 인사를 밝게 하는지, 전화를 친절하게 받는지, 걸을 때 씩씩하게 걷는지 등에 주목한다.

그는 사소한 것의 중요성을 알고 있다. 실제로 비즈니스업계에서는 사소한 것을 눈감고 넘어갈 때, 정말로 큰 문제가 발생하고 만다.

작은 일을 할 줄 모르면 큰 일도 할 줄 모른다_이병철

사소한 것을 꼼꼼하게 챙기는 데 있어서 이병철 회장은 타의 추종을 불허한다. 덕분에 가끔 좁쌀영감이라는 소리도 들었지만, 그는 자기의식이 강한 인물이었다.

"나더러 작은 일을 너무 챙기고 따진다고 한다. 그러나 작은 일을 할 줄 모르면 큰 일도 할 줄 모르는 법이다. 큰 일은 처음부터 충분히 준비를 하고 시작하기 때문에 오히려 실수가 없다. 그러나 작은 일은 준비도 없이 무작정 달려들기 일쑤고 그러다가 큰 일을 그르치게 된다. 예를 들어 일본에서는 돼지 한 마리가 아홉 마리의 새끼를 낳는다. 그런데 한국에서는 여덟 마리밖에 낳지 못한다. 이 한 마리의 차이에 대해 원인을 규명하지 않으면 우리의 양돈사업은 언젠가 무너진다. 이는 천리제방이 개미구멍 하나로 무너지는 것과 같은 이치다. 이것이 바로 경영의 요체다."

성공을 하기 위해서뿐 아니라 성공을 지키기 위해서도 사소한 것을 중요시하는 습관은 반드시 필요하다. 특히 성공을 한 이후에는 자신을 바라보는 눈들이 많아지기 때문에 더욱 사소한 것에 신경을 써야 한다.

한번은 골프를 치다가 도우미로부터 이런 얘기를 들었다.

"탤런트 누구는 인자한 이미지로 유명하지만 실제로는 그렇지 않아요. 어찌나 심술궂고 못되게 구는지…. 정치인 누구 아시죠? 그에 대한 이미지는 그리 좋지 않았는데, 의외로 매너가 좋더군요. 역시 사람은 직접 겪어봐야 안다니까요!"

나도 인간인지라 그 얘기를 듣고 한 번도 만나보지 않은 그 탤런트와 정치인에 대해 나만의 선입관이 생기고 말았다. 아마도 그들은 골프장 도우미가 자신에 대해 그런 이미지를 전달하고 있을 거라고는 꿈에도 생각지 못하고 있을 것이다. 그렇기 때문에 사소한 것에도 신경을 쓰고 평소 자기관리를 철저히 해야 한다.

모든 큰 일은 가장 작은 것으로부터 시작하고
크게 어려운 일은 가장 쉬운 것에서부터 풀어야 한다.

— 안창호

성공하는 사람은 시간을
황금보다 귀하게 쓴다

한번은 잘 아는 분이 자신을 도와줄 아르바이트생을 소개해 달라는 부탁을 해왔다. 필자는 망설임없이 그동안 성실하다고 생각해왔던 학생을 한 명 추천해주었다.

몇 개월 후, 우연히 그를 만나게 되었다.

"그 학생 잘 있죠?"

"아, 그만두었습니다."

"무슨 문제라도 있었나요?"

"상냥하고 똑똑하고 친화력이 있는 것은 좋았는데, 너무 시간을 못 지키더라고요."

그 말을 듣는 순간, 얼굴이 화끈거렸다. 시간관리를 못하는 학생을 소개했던 것이 부끄러웠기 때문이다.

성공하는 사람에게 있어서 시간은 황금보다 귀하다. 사실, 돈이 없으면 열심히 노력해서 벌면 되지만, 한 번 흘러가버린 시간은 제아무리 용 빼는 재주가 있어도 되돌릴 수 없지 않은가! 그렇기 때문에 성공하는 사람은 하나같이 시간을 아껴 쓰고 모아 쓰고 찾아 쓰기 위해 기를 쓴다.

일전에 『이코노미스트』지 주최로 열린 글로벌 CEO들과의 대담 프로그램에서 사회를 맡은 적이 있다. 참석자들은 바쁘기로 치자면 대한민국에서 손가락 안에 드는 사람들로 김해동 비브라운 사장, 이채욱 GE 사장, 문국현 유한킴벌리 사장, 정신과 의사 양창순 박사 등이었다.

약속시간은 6시 30분이었는데, 워낙 바쁜 사람들이라 7시쯤 시작할 수 있으려니 생각하고 있었다. 하지만 그 예상은 빗나갔다. 6시 15분이 되자, 이미 모든 멤버들이 참석하여 분위기를 익히고 나름대로 준비를 하느라 분주했다. 나는 그 모습을 보면서 그들이 왜 성공했는지 알 것 같았다.

지각이 결석보다 더 나쁘다_황을문

아무리 똑똑하고 충성도가 강하며 비즈니스를 잘 해도 시간을 관리하지 못하면 소용이 없다. 시간관리를 못하면 성실성에서 마이너스 점수를 얻게 되고 그러면 기회를 잃게 된다.

서린 바이오텍을 경영하는 황을문 사장은 약속시간 준수를 평가의 주요 잣대로 삼는다.

"약속시간에 철저하다는 것은 그만큼 성실하다는 것을 의미합니다. 저는 무엇보다 성실성을 가장 중요하게 생각하죠. 그래서 직원을 채용할 때도 만기적금을 타본 경험이 있는 사람은 무조건 뽑습니다. 그것이 성실성을 대변하기 때문이지요. 또한 약속한 기한 내에 보고서를 제출하는 직원을 좋아합니다. 한번은 매니저들에게 부하직원에 대해 알고 있는 것을 보고서로 만들어 언제까지 제출하라는 지시를 내렸습니다. 그랬더니 보고서를 제출한 순서가 평소에 제가 생각하던 순서와 똑같더군요. 저는 지각하는 사람이 결석하는 사람보다 더 나쁘다고 생각합니다. 그만큼 불성실하다는 증거거든요. 성실성만큼 중요한 것은 없습니다."

다른 것이 조금 부족할지라도 성실하면 그 사람은 가능성이 있다. 반대로 다른 조건이 다 좋아도 성실성이 뒷받침되지 않으면 아무런 소용이 없다. 대다수의 성공한 사람들은 성실을 바탕으로 성공을 일군 것이다.

1시간을 2시간으로 써라_조동성

정말로 바쁜 사람들은 생리적인 현상까지 잊을 정도로 일에 몰두한다. 그야말로 먹는 것을 잊거나 화장실 가는 것조차 깜박하는 것이다. 조동성 교수는 일명 마당발로 시간을 초 단위로 나눠쓸 정도로 시간을 꼼꼼히 아껴쓴다.

한번은 필자가 개인적인 부탁을 한 적이 있다. 알아볼 것이 있었는데, 필자보다 그가 나을 것 같았기 때문이다. 그는 흔쾌히 부탁을 수락했지만, 필자는 속으로 '저렇게 바쁜 분이 이런 사소한 부탁을 기억이나 할까' 하고 생각했다.

그러나 그 예상은 보기 좋게 빗나갔다. 다음 날 오후, 그는 정확한 시간에 전화를 걸어왔던 것이다.

"어제 부탁하신 것 알아봤습니다. 제가 잘 얘기해 놓았으니 전화해보세요. 자세히 설명해줄 겁니다."

나는 얼떨떨했다. 메모할 틈도 주지 않고 그저 지나가듯 짧은 시간에 부탁한 것인데도 그는 그것을 놓치지 않고 기억했다가 정확한 시간에 부탁을 들어주었기 때문이다.

그 비결은 무엇일까?

그것은 바로 즉시즉시 처리법에 있다. 아무리 바쁜 사람도 주어진 현재를 꼼꼼하게 사용하면 1시간을 2시간처럼 사용할 수 있다. 할 일을 미루지 않고 바로 처리하는 것이다.

내일은 없다. 그것은 단지 게으른 자의 달력에만 존재할 뿐이다.

약속을 지키는 것은 곧 인격을 존중하는 것 _ 이재준

하기로 한 것을 하는 것, 시간약속을 잘 지킨다는 것은 사소한 것처럼 보이지만, 결코 사소한 일이 아니다. 그 안에는 '나는 당신과의 약속을 소중히 합니다. 당신의 인격을 귀하게 여깁니다' 라는 의미가 숨겨져 있다. 약속시간에 늦거나 아예 지키지 않는 것은 생각보다 손실이 큰 행동이다.

대림산업의 이재준 회장은 약속시간에 상당히 철저하다. 한번은 측근으로부터 그의 시간관리에 대한 얘기를 들을 수 있었다.

"언젠가 회장님을 모시고 중국에 간 적이 있습니다. 아침마다 정해진 시간에 만나기로 약속을 했기 때문에 맞춰 나갔는데 회장님이 이미 나와 계시더군요. 무척 당황했지요. 다음 날은 약속시간보다 7, 8분 미리 나갔는데 역시 회장님이 나와 계셨습니다. 그 다음 날은 아예 작정을 하고 20분 정도 일찍 나갔습니다. 그러자 잠시 후에 회장님이 나오시더군요. 시계를 보니 정확히 15분 전이었습니다. 왜 이렇게 일찍 나오시냐고 물었더니 이렇게 말씀하시더군요.

'나는 약속시간보다 15분 일찍 나가는 것을 철칙으로 하고 있네. 그것은 세 가지 이유 때문이지. 첫째, 일찍 나가면 서두르지 않아도 되니 마음의 여유를 유지할 수 있지. 둘째, 미리 나가 있으면 상대의 호감을 살 수 있다네. 셋째는 일찍 나가면 전철이나 버스를 탈 수 있지만 서두르면 택시를 타야 하니 비용이 더 든단 말일세' 라고요."

성공의 반대말은 실패가 아니라 '불성실' 이다.

하루를 대충 지내는 것, 할 일을 미루는 것, 맡은 일을 치밀하게 하지 않고 대강 하는 것, 시간약속을 지키지 않는 것, 정리정돈을 하지 않는 것, 불규칙하게 생활하는 것, 중요한 사람과 그렇지 않은 사람을 차별하는 것…. 이런 것이 불성실이다.

성공은 하루아침에 이루어지는 것이 아니다. 설사 외형적으로는 그렇게 보일지라도 그것은 그저 타인의 눈에 그렇게 보일 뿐이다. 눈에 보이지 않는 피와 땀과 노력과 열정의 결과가 바로 성공이다. 그리고 그 성공은 작은 성실의 축적이다.

30년 이상 방송생활을 하고 있는 최장수 MC 임성훈은 조심하는 것이 세 가지 있다. 타성에 젖는 것, 교만해지는 것, 성실하지 못한 것이 그것이다. 그의 성공 뒤에 성실이 버티고 있음을 보여주는 대목이다.

> 사람은 자기를 기다리게 하는 자의 결점을 계산한다.
>
> – 프랑스 속담

미치지 않으면 이룰 수 없다

"대충 했는데, 성공했습니다"라는 말을 들어본 적이 있는가? 성공에는 임계점이 필요하다. 일정 경지 이상 올라야 인정을 받을 수 있다. 위대해 보이는 모든 사람은 엄청난 노력가들이다.

성공은 결코 행운으로 얻어지는 게 아니다. 우연히 타이밍이 잘 맞아떨어져 얻을 수 있는 것도 아니다. 성공을 이루려면 미쳤다는 소리를 들을 정도로 땀과 고통 그리고 집념을 퍼부어야 한다. 어느 하나에 미쳐 그곳에 모든 것을 쏟아붓는 사람이 성공할 수 있다.

전쟁터에서 2등은 죽음이고, 경영에서 2등은 파산이다_ 이강호

그런포스펌프는 덴마크의 글로벌기업으로, 세계 펌프시장에서 1위 자

© Hankooki.com

자신이 있는 자리에서 늘 최선을 다해야 한다.
그래야 살아남을 수 있다.
전쟁터에서 2등은 죽음이고 경영에서 2등은 파산이다.

리를 지키고 있다. 또한 2003년 1월 『포춘』지에 의해 유럽에서 가장 일하기 좋은 회사로 선정된 바 있다.

1978년, 진흥요업에서 당시 1천만 달러 이상의 실적을 올리고, 다시 하림통상이라는 무역회사에서 5년간 1억 달러 가까운 실적을 올린 이강호 사장은 그러한 성과를 인정받아 38세가 되던 해에 그런포스펌프와 60세까지의 고용계약을 맺게 되었다. 그리고 제로에서 시작해 현재 5백억 원 매출을 올리는 회사로 성장시켰다.

그의 신조는 '자신이 있는 자리에서 늘 최선을 다해 성공하는 것'이다.

한번은 해외에서 근무를 하다 억울하게 좌천을 당한 적이 있다. 그런 상황에 놓이면 대다수 사람들은 자기 능력을 믿고 울분을 쏟아내며 당장에 사표를 던져버리지만, 그의 접근법은 달랐다.

그는 1년 동안 이를 악물고 더욱 열심히 일해 남들이 도저히 달성할 수 없다고 생각하는 마지노선 이상의 성과를 냈다. 그리고 조용히 미소를 지으며 사표를 제출했다. 사표를 받아든 상사는 최악의 선물을 받아야만 했다.

"다시는 저 같은 부하직원을 만나지 못할 겁니다."

세상에 공짜는 없다. 기대하는 것이 있다면 그 이상을 뛰어넘는 수준으로 노력해야 한다. 쓰레기가 들어가면 쓰레기만 나올 뿐이라는 말도 있지 않은가. 이강호 사장은 글로벌기업의 CEO답게 사고방식이 옹골지고 당차다.

"저는 늘 최선을 다해야 한다고 생각합니다. 그래야 살아남을 수 있습니다. 전쟁터에서 2등은 죽음이고, 경영에서 2등은 파산입니다."

현재 놓인 자리에서 필요한 사람이 되려면 최선을 다하는 수밖에 없다. 하늘은 일어서고자 애쓰는 사람만 부축해주는 법이다.

하늘을 감동시킬 만큼 노력하라 _ 황우석

'하늘을 감동시키자.'

그의 실험실 좌우명이다. 그는 일에 미칠 정도가 아니면 하늘에 닿을 수 없음을 잘 알고 있다. 모든 사람이 불가능하다고 생각했던 연구성과를 낼 수 있었던 이유도 하늘을 감동시킬 만큼 노력했기 때문이다.

노벨상에 가장 근접한 한국의 과학자, 한국의 과학기술을 대표하는 사람, 바로 황우석 교수다.

그는 다섯 살 때 아버지를 잃었다. 가장 없이 올망졸망 어린 자식 여섯만 있는 살림살이가 어떠할지는 비디오처럼 그려질 것이다. 덕분에 그와 여동생을 제외한 나머지 형제들은 초등학교밖에 졸업하지 못했다.

그에게는 남달리 명석한 두뇌도 배경도 없었다. 단지 어머니로부터 '나의 길'이라고 생각하는 것을 향해 우직하게 밀고나가야 한다는 신념만 물려받았을 뿐이다. 그러한 우직함은 청소년 시절부터 친구들과

'등 안 대기 클럽'을 만들 정도로 지독히 노력하게 만든 원동력이 되었다. 말 그대로 방바닥에 절대 등을 대지 않겠다는 의미였다.

그는 졸업을 할 때까지 방바닥에 등을 대본 기억이 별로 없다. 참을 수 없이 졸음이 쏟아지면 눈이 쌓인 운동장을 맨발로 달리곤 했다. 그리고 책상에 엎드린 채 잠깐씩 눈을 붙이는 것이 고작이었다.

멀리 내다보면서 미치도록 현재에 몰두하는 것, 그것이 오늘날의 황우석을 만들어낸 토대였을 것이다.

최선에서 한 발 더 나아가 샛길을 개척하라 _ 김종훈

'늘 다니던 길을 벗어나 숲 속으로 몸을 던져라. 그러면 반드시 전에 보지 못한 무언가를 발견하게 될 것이다.'

알렉산더 그레이엄 벨의 이름을 딴 루슨트 벨 연구소의 로비에는 그가 유언처럼 남긴 문구가 새겨져 있다. 그곳은 그동안 노벨상 수상자만 11명을 배출한 세계 최고의 연구소로 입지전적 인물인 김종훈 소장이 함께하고 있다.

1975년 중학교 2학년 때, 미국으로 이민 간 그는 아직 낯선 환경이었음에도 불구하고 고등학교 1학년 때부터 편의점에서 아르바이트를 하며 고학을 했다.

"밤 11시부터 다음 날 아침 7시까지 세븐일레븐에서 일을 하고 바로 학교로 등교했습니다. 잠은 학교에서 돌아와 2, 3시간 잔 것이 전부입니다. 그렇게 힘든 여건 속에서도 성공하려면 공부를 해야 한다고 다짐했지요. 어릴 때부터 무엇을 하든 세계 최고가 되고 싶었습니다. 그러기 위해서는 배움이 가장 중요하다고 생각했죠. 제대 후 1989년부터 엔지니어링 회사에서 풀타임으로 근무하며 2년 만에 메릴랜드대학에서 박사학위를 받았습니다. 1주일에 40시간 이상 일하고, 매일 2시간 정도 자면서 밤에 공부했지요."

1992년, 그는 벤처기업 '유리시스템즈'를 창업해 1998년 루슨트테크놀로지스에 10억 달러에 매각하며 벤처 신드롬을 일으켰다. 그후, 메릴랜드대학 전자공학과 교수로 활동하다 최근에 루슨트 벨 연구소 소장으로 취임했다.

성공을 이루고 그것을 지탱하게 하는 가장 큰 뼈대는 '최선'이다. 성공은 하루아침에 이루어지지 않는다. 순간순간 최선을 다해 살면 그것이 모여 작은 성과를 내게 된다. 더불어 신뢰도 쌓인다. 그 성과와 신뢰가 쌓여 개인의 성공을 만드는 것이다.

일에 미치면 모든 것이 보인다_ 최철수

코리아인스트루먼트의 최철수 회장은 섬유 전문가다. 한번은 골프를 함께 치다가 어떤 사람이 입고 있는 옷을 보고 전문가다운 평가를 해주었다.

"저 옷은 가공에 많은 공수가 들어갔습니다. 염색도 프린팅기법을 썼군요. 몸통과 칼라가 따로 있는데 저런 것은 원가에 부담이 됩니다. 대충 원가가 나오네요."

그야말로 척 보고 견적을 뽑아냈던 것이다. 대체 어떻게 그런 전문성을 확보했느냐고 묻자 이렇게 대답했다.

"나는 30년간 섬유만을 생각하며 살았습니다. 한번은 김포공항에서 한 외국 여성이 입은 옷에 반해 그녀를 쫓아갔습니다. 비슷한 옷을 만들어 팔면 돈을 많이 벌 거라는 생각을 했지요. 그래서 입은 옷을 팔라고 부탁했습니다. 거절하더군요. 끈질기게 요구했습니다. 거절하는 그녀와 일행에게 저녁을 대접하고, 공장에 초청해 샘플 옷을 원하는 대로 가지라고 얘기했습니다. 대신 입고 있는 옷을 내게 팔라고 했지요. 아주 비싼 옷인데 두 배의 값을 쳐서 지불했습니다. 그리고 그 옷을 벤치마킹해 수출했습니다. 당시 돈으로 몇 억을 벌었지요. 일에 미치면 모든 것이 보입니다."

미치지 않으면 이룰 수 없다. 성공은 일에 미쳐 전문성을 확보하는 것이다.

산 정상의 99퍼센트까지 올라갔더라도 1퍼센트를 오르지 못하면 그것은 산을 정복한 것이 아니다. 성공은 1백 퍼센트를 원한다. 99.9퍼센트도 성공이라고 할 수 없다. 그럼에도 수많은 사람들이 성공의 문턱에서 지쳐버리고 대열에서 이탈한다.

하지만 성공하는 사람들은 숨이 턱까지 차는 상황에서도 최선을 다한 다음 다시 한 번 더 노력한다. 최선을 다했다고 생각하는 시점에서 다시 한 번 더 노력하라. 그것이 바로 성공과 실패의 차이를 가른다.

노력은 적게 하고,
많은 것을 얻으려는 곳에 한숨이 숨어 있다.

– 괴테

절제가 성공을 지속시킨다

불행의 근본을 따져 올라가다 보면 가장 높은 곳에 욕심이 버티고 있음을 알 수 있다. 물론 욕심은 추진력을 발휘하도록 하는 동기부여 요소라는 측면에서는 긍정적이라고 볼 수도 있지만, 그것이 지나치면 많은 문제를 낳게 된다. 부, 명예, 권력에 대한 욕심 중에서도 가장 위험한 것은 허명(虛名)을 갖는 것이다.

아직 성공을 담을 만한 그릇이 아닌데 무리하게 뜬 경우가 그렇다. 아직 그릇이 되지 못하면 성공이 차고 넘쳐 결국 다 흘려버리고 만다.

특히 장기적인 성공을 위해서는 절제가 무엇보다 중요하다. 그런 의미에서 배우 박중훈의 얘기는 깊게 우러난 사골국물 맛을 낸다.

"저는 배우생활을 시작한 지 20년이 넘었지만, 단 한 번도 1등 개런티를 받은 적이 없습니다. 제 목표는 1.5등 개런티입니다. 그래서 제가 총알을 안 맞나 봐요. 조금 비겁하긴 하지만 그래야 더욱 노력할 마음이 생기거든요."

사실, 정상에 있는 사람이 절제력을 발휘하여 자신을 낮추는 것은 쉬운 일이 아니다. 99섬을 가진 부자가 이웃의 1섬을 욕심낸다는 것처럼 사람의 욕심은 절제하기 어려운 법이다. 정상의 위치에 있는 경우는 더욱 그렇다. 절제는 성공을 지속하게 만든다.

사람의 성공은 농사짓기와 같다_ 세고에

아들을 스파르타식으로 훈련시키기를 바랐던 조훈현의 부모에게 세고에 선생이 보낸 편지는 많은 생각을 하게 한다.

세상의 모든 부모와 마찬가지로 아들이 하루빨리 고수가 되기를 바랐던 조훈현의 부모는 아들에게 최고의 교육을 시키기 위해 세고에 선생에게 보냈다. 하지만 아들로부터 들은 얘기로는 자신들이 기대했던 훈련과는 딴판이었다.

"선생님과 대국하는 일은 거의 없어요. 집안일을 거들기도 하고 강아지와 놀기도 하지요."

그런 얘기를 들은 조훈현 부모는 아들을 너무 방치한다는 생각에 서운한 마음을 담아 편지를 썼다.

며칠 후, 세고에 선생으로부터 답장이 왔다.

"바둑은 예이며 도입니다. 기량은 후에 연마해도 늦지 않습니다. 큰 바둑을 담기 위해서는 먼저 큰 그릇을 만들어야 합니다. 그러려면 먼저 인격도야를 해야지요. 훈현이의 기재는 우칭위엔(오청원)에 버금 갑니다. 아니, 우칭위엔을 능가하는 기사가 되리라고 저는 믿습니다. 저 세고에를 믿고 기다려주시길 바랍니다."

결국 세고에 선생의 말이 옳았다. 급하게 서두르는 대신 인격을 닦고 성공할 그릇을 만드는 데 애쓴 결과 오늘날의 조훈현이 만들어진 것이다.

남보다 빨리 성공하기 위해 사람들이 많이 사용하는 방법은 다소 무리를 해서라도 자신을 선전하는 것이다. 그래서 그런지 우리는 툭 하면 권력층과 가깝다거나 유명한 누구누구와 친구라는 등의 이야기를 많이 듣는다. 어떤 사람은 여기저기 자주 불려다니는 스타라는 것을 알리기 위해 매우 바쁜 척하기도 한다.

하지만 그런 사람을 보면 왠지 측은한 마음이 든다.

'저 사람은 아직 멀었군.'

정말로 잘난 사람은 잘난 척을 하지 않는다. 절제할 줄 안다. 자신에 대해 자랑한다고 해서 상대가 자신을 존경하는 것도 아니고, 인지도가 높아지는 것도 아니다. 단지 준비되지 않았다는 것을 드러낼 뿐이다. 특히 준비되지 않은 상태에서 어설프게 유명해지는 것은 패망의 지름길이다.

별 것 아닌데 유명해지는 허명은 위험하지만, 그럴 만한 이유가 있고 때가 되어 이름을 날리는 것은 바람직하다. 또 안전하다. 명불허전(名不虛傳)의 소리를 듣는 것이 그것이다. 이름대로 대단하다는 의미로 그것이 참다운 성공이다.

> 꽃은 반쯤 피었을 때가 보기 좋고,
> 술은 약간 취했을 때가 기분이 좋다(花開半, 酒微醉).
> — 「역경」

신뢰 지키기에 목숨을 걸어라

스위스 루체른에는 수십 발의 창에 꽂혀 헐떡거리며 죽어가는 빈사(瀕死)의 사자상(Lowendenkmal)이 있다. 그 사자상은 부르봉 왕가를 지키다 시민군의 창 아래 쓰러져 간 스위스 용병의 최후를 형상화한 것이다. 물론 부르봉 왕가를 지키던 용병 중에는 스위스 출신만 있었던 것은 아니다. 그러나 시민군이 왕성을 타도하자 스위스 용병을 제외한 나머지 용병은 모두 도망치고 말았다. 결국 부르봉 왕가를 최후까지 지키던 스위스 용병 150명은 모두 시민군에 의해 목숨을 잃었다. 그들이 목숨을 버리면서까지 지키려 했던 것은 바로 '신뢰' 다.

살다 보면 때로는 태산 같은 믿음도 필요하다. 『채근담』에 보면 이런 말이 나온다.

"아무리 많은 사람이 반대할지라도 자기 양심에 비춰 옳다고 생각한다면 그것을 하라. 남이 반대한다고 해서 자신의 믿음을 꺾지 마라. 때론 그런 용기가 필요하다."

사업에는 신용이 최우선이다_정주영

성공자는 몸으로 말하고 행동으로 실천한다. 그들은 과거보다는 현재를, 현재보다는 미래를 중요시한다. 말만 앞세우기보다 말없이 행동으로 보인다. 한 분야에 끝까지 집중하여 실수를 줄이고 자기분야를 개선한다.

대표적 인물이 현대의 정주영 회장이다.

1953년, 정부는 6·25전쟁으로 파괴된 고령교(대구와 거창 사이를 잇는 다리)를 복구하기로 결정하고, 프로젝트를 정주영 회장에게 맡겼다. 그런데 그 공사는 계절에 따른 낙동강 수심의 변화와 열악한 장비 및 시설 그리고 예기치 않은 홍수 등으로 상당히 골치를 앓는 일이었다.

당시 막 건설회사를 차린 현대로서는 그 일을 감당하기가 버거운 실정이었다. 가족과 동료들은 더 이상 손해보지 말고 공사를 중단하자고 주장했지만, 정주영은 '사업에는 신용이 최우선' 이라며 사람들의 반대를 물리치고 끝까지 공사를 강행했다.

그는 자기 자신은 물론 형제들의 집까지 몽땅 팔고 끌어들일 수 있는 빚은 모두 얻어 계약기한보다 2개월 늦게 완공했다. 5천478만 환 계약에 6천5백만 환이 들어가 결국 적자를 본 공사였다. 당시로서는 엄청난 액수의 손실이었다.

그러나 이를 계기로 정주영은 정부로부터 큰 신뢰를 얻었고, 이후 현대건설이 정부공사를 대부분 수주하는 행운을 누리게 되었다.

신뢰는 요구한다고 얻을 수 있는 것이 아니다. 그것은 자연스럽게 우러나는 것이다. 내가 사기를 칠지도 모르니 나를 믿지 말라고 대놓고 말해도 믿음이 가는 사람이 있다. 그럴 때는 설사 그가 정말로 사기를 칠지라도 쉽게 믿음을 거둬들이지 않고 기다려주게 된다.

신뢰를 쌓으려면 그 정도는 되어야 한다. 그러한 신뢰 없이 성공은 불가능하다. 성공한 사람들은 모두 신뢰를 얻는 데 성공한 사람들이다.

탐욕을 버리면 이득을 얻을 수 있다_최태섭

한국유리의 설립자 최태섭 회장의 거짓말 같은 실화는 탐욕을 버렸을 때 우리가 어떤 이익을 얻을 수 있는지를 잘 보여준다.

해방 전, 그는 만주 봉천지방에서 일본의 여러 대기업으로부터 물건을 대량으로 들여와 중국에 판매하는 사업을 했다. 그가 콩기름을 취급하고 있을 무렵, 무슨 이유에선지 갑자기 콩기름 값이 급등했다. 중국인들과는 이미 전매계약을 했지만, 아직 물건을 인계하기 전이었다. 계약대로 이행하지 않고 폭등한 시세로 팔려고 마음을 먹었다면 단번에 많은 돈을 벌 수 있는 일확천금의 기회였다.

그는 욕심이 생겼다. 장사꾼인 그에게 그런 상황에서의 계약불이행은 어찌보면 정상적인 경제행위일 수도 있었다. 그러나 그는 오랫동안 고민한 끝에 계약대로만 돈을 받기로 결정했다.

오른 값에 물건을 건네줄 것이라 생각했던 중국 상인들은 그가 계약대로 돈을 받자 큰 충격을 받았다.

그 사건 이후, 그의 사업은 날로 번창했다. 더욱 잊을 수 없는 것은 그를 철저히 믿었던 중국 상인의 도움으로 공산화하던 중국 땅에서 가족을 데리고 무사히 월남할 수 있었다는 것이다.

그는 다시 한국에서 사업을 시작했다. 한번은 물건대금 때문에 은행으로부터 5천만 원을 빌려쓰게 되었는데, 공교롭게도 빌린 돈을 갚으려 할 때 전쟁이 일어나고 말았다. 그래도 돈을 갚겠다는 생각으로 은행을 찾아갔더니 모두들 피란을 갔는지 아무도 보이지 않고 경비원 몇 명이 앉아 있다가 갚을 필요없다고 그를 설득했다. 그는 다시 한 번 갈등에 휩싸였다. 어찌할 것인가. 마침내 결정을 내린 그는 억지로 돈을 맡기고 영수증 한 장을 받아가지고 나왔다.

이 결정으로 전쟁 후 그는 커다란 보상을 받았다. 사업상 큰 배가 필요했던 그는 그때 받은 영수증을 들고 은행을 찾아가 그 자리에서 수억 원의 돈을 빌릴 수 있었던 것이다.

결정적인 순간에 탐욕을 버림으로써 오히려 더 큰 이득을 얻을 수 있었다.

신뢰는 능력(ability), 성실(integrity), 선의(benevolence)가 합쳐진 말이

다. 신뢰를 얻으려면 무엇보다 전문가 수준으로 일을 성실히 해낼 수 있어야 한다. 그리고 마음이 따뜻하고 선해야 한다. 뭔가를 바라고 하는 행동, 숨겨진 의도가 있는 행동은 신뢰와 연결되지 않는다. 양심에 어긋나지 않고 다른 사람에게 상처를 주지 않으며 순수하게 행동해야만 신뢰를 쌓을 수 있다.

지금의 녹십자를 설립하고 한일시멘트 사장과 한국양회협회 회장을 지낸 허채경 회장은 누군가 자신의 이름을 대고 은행에서 거액의 돈을 빌려가는 바람에 곤욕을 치렀다. 허술한 은행시스템을 비난하고 한판 붙어볼 수도 있는 상황이었지만, 그는 "내 이름을 대고 빌려간 돈을 갚지 못하면, 결국 내 신용에 금이 간다"며 대신 돈을 갚아주었다.

돈이란 없다가도 생길 수 있지만, 신뢰는 다르다. 신뢰가 깨지는 것은 거울에 금이 가는 것과 같다. 설사 나중에 테이프로 붙일지라도 자국은 여전히 남는다. 그렇기에 성공하는 사람들은 신뢰쌓기에 모든 것을 건다.

> 흔히 사람들은 **자본이** 없어서 **사업을** 시작하지 못한다고 말하는데 자본보다는 **신용이** 훨씬 **중요합니다.** 사업계획이, 내 과거가 주위로부터 **신뢰받을** 수만 있다면 그 규모의 대소는 크게 문제되지 않습니다. 신뢰가 **전부입니다.**
>
> – 정주영

가장 어려운 성공은
가정에서 성공하는 것이다

모든 것을 얻어도 그것을 함께 기뻐하고 즐길 가족이 없다면 무의미하다. 그렇기 때문에 성공은 안팎에서 균형을 이뤄야 하는데, 사실 바깥에서보다 가정에서 성공하는 것이 더 어렵다.

밖에서 인정을 받는 사람일수록 가정에서 실패할 확률은 높아진다. 그 이유는 자신이 대단한 사람인 것처럼 착각해 가족을 마치 부하직원처럼 대하기 때문이다. 실제로 외부에서는 파워를 가지고 큰소리를 치지만, 가정에서는 왕따를 당하는 가장이 얼마나 많은가!

가정에서는 그 사람의 꾸미지 않은 있는 그대로의 모습을 보기 때문에 상대적으로 존경을 받기 어렵다. 한번은 정말로 유명하고 성공한 사람의 부인을 만나 그에 대해 얘기를 나눈 적이 있다. 성공한 분과 사시는 것이 어떠냐는 질문에 그녀는 의외로 냉소적인 반응을 보였다.

"그 사람이 성공한 사람입니까? 대체 그 성공이란 게 뭡니까?"

심지어 어떤 부인은 이렇게 얘기하기까지 한다.

"그는 결혼하지 말았어야 했습니다. 밤낮을 가리지 않고 오로지 자기 일밖에 모르면서 왜 가정을 꾸렸는지 모르겠습니다. 제가 무슨 액세서리인가요?"

우리가 열심히 일하는 이유는 그 결과를 가족과 함께 나누기 위해서다. 커다란 성과를 달성했더라도 그것을 함께 나눌 가족이 없다면 남는 것은 허탈감뿐이다. 그런 느낌에 휩싸이고 싶지 않다면 가정관리라는 예방접종을 해야 한다.

아내를 행복하게 하는 것이 인생의 최대목표다_윤은기

"제 교주는 아내입니다. 교주님을 행복하게 하는 것이 제 인생 최대목표입니다."

가히 닭살커플을 떠올릴 만한 이 얘기는 신세대 새내기 가장의 말이 아니다. 사회에서의 성공과 더불어 한국에서 가장 가정적인 사람으로 알려져 있는 윤은기 박사의 말이다.

늦은 나이에 스튜어디스 출신의 아내와 결혼한 그는 1남 1녀를 두었는데, 매일 새벽방송을 하러 나올 때마다 어떻게 하면 아내를 깨우지 않고 나올 수 있을까를 연구할 만큼 가족을 끔찍이 챙긴다. 또한 아내가 가장 무서운 비평가이고 아내로부터 많은 것을 배운다는 고백도 한다.

아내 자랑을 하면 팔불출 소리를 듣는 우리네 정서에서 그렇게 가족을 챙기는 것이 쉽지 않은 일일 텐데, 그런 것에 아랑곳 않고 공개석상에서도 가족자랑을 한다.

너무도 자연스럽게 자신의 진심을 내보이는 그가 부럽다.

함께 보낸 시간보다 함께하는 마음이 중요하다 _ 이채욱

행복한 가정을 꾸려가는 사람들은 어디에 가든 가족에 대한 얘기를 많이 한다. 반면, 가정을 소홀히하는 사람은 그쪽으로 화제가 옮겨가면 우물쭈물하거나 다른 쪽으로 화제를 돌리는 경향이 있다. 집안이 어떻게 돌아가고 있는지 아는 것도 없고, 따라서 할 얘기도 없기 때문이다.

딸 셋을 낳아 애지중지 키워낸 GE의 이채욱 사장은 요즘 가슴이 텅 빈 느낌이라고 하소연이다. 가슴 가득 담아 키운 딸들이 하나둘 자기 길을 찾아 떠나면서 빈 자리가 크게 느껴지기 때문이다. 얼마 전 큰딸을 시집 보낸 그는 이렇게 얘기한다.

"어제 우연히 딸애의 방문을 열어보았는데, 침대가 없는 거예요. 가슴 한쪽이 어찌나 허전하던지…."

일도 잘 하면서 가정도 잘 건사하기는 쉽지 않다. 그도 역시 마찬가지였다. 그가 가정에서 보낸 시간은 턱없이 부족했다. 해외에서 살다시피 한 그가 가정에서 성공한 데는 엽서와 편지의 힘이 컸다. 그는 해외에서 시간이 날 때마다 엽서에 간단히 메모를 해 아내와 딸들에게 보냈고 그런 애정의 끈이 가정에서의 성공으로 이어진 것이다.

시간의 양보다 중요한 것은 시간의 질이다. 접촉시간보다 중요한 것은 정신적인 접속시간이다.

가정에서의 성공이 어려운 것은 사실이다. 그러나 가정에서 성공을 이룬 사람들의 사례를 들여다보면 주어진 여건 속에서 얼마든지 가족사랑을 실천할 수 있다는 것을 깨닫게 된다. 더욱이 요즘에는 이메일이나 휴대폰 메시지만으로도 쉽고 간단하게 애정표현을 할 수 있다.

세상만사는 마음에 달려 있다는 생각이 든다.

공적인 생활에서의 그 어떤 성공도
가정에서의 실패를 보상해주지 못한다.

– 벤저민 디즈레일리

실천 매뉴얼 3 작은 일도 소중히 여기려면
어떻게 해야 하는가

1. 시간약속에 절대 늦지 마라. 늘 10분 전에 약속장소에 도착하라. 상대는 당신을 기다리는 동안 당신의 결점을 계산하고 있다.

2. 지키지 못할 약속이면 하지 말고, 일단 한 약속은 사소한 것도 반드시 지켜라. 그래서 믿을 만한 사람이라는 얘기를 들어라.

3. 우선순위를 정해 일하라. 일을 미루지 마라. 지금 할 수 있는 것은 지금 하라. 주변을 정리정돈하라. 안 되는 것은 안 된다고 얘기하라.

4. 성실하라, 성실하라, 성실하라. 세상에서 가장 중요한 것은 성실이다. 성실성만 있다면 다른 것은 문제되지 않지만 성실성이 없다면 그밖의 것은 따질 필요도 없다.

5. 늘 메모하고 반성하는 시간을 가져라. 기록하지 않으면 잊기 쉽다.

6. 평범한 노력은 노력이 아니다. 하는 일에 모든 것을 던지고 미친 듯이 일하라. 미치지 않으면 도달하지 못한다.

7. 섣부르게 기대하고 자신과 세상을 원망하지 마라. 뿌린 만큼 거두고 실력만큼 인정받는다.

8. 여력을 남기고 여유를 가져라. 고수는 모든 것을 드러내지 않는다.

9. 소탐대실(小貪大失)을 기억하라. 작은 것 때문에 큰 것을 잃지 마라. 중요한 것은 신뢰다. 신뢰를 위해서라면 손해가 날지라도 감수하라.

10. 가정에서의 성공에 목숨을 걸어라. 다른 곳에서 성공해도 가정에서 실패하면 진정한 의미의 성공이 아니다.

4장

성공은 만나는
사람들에 의해 결정된다

사람 보는 안목을 길러라
도움을 주고 도움을 받아라
나로 인해 단 한 사람이라도 행복하게 하라
세심하게 배려하라
잇속보다는 뱃속이 맞아야 한다
유머로 상대를 무장해제시켜라
얼굴은 인생의 대차대조표
탁월한 커뮤니케이터는 귀담아듣는다

세상에 혼자만의 성공은 없다. 성공은 자신을 도울 수 있고, 그 대가로 자신이 도움을 줄 수 있는 적절한 사람들과 훌륭한 대인관계를 구축함으로써 얻게 되는 결과다. 성공의 90퍼센트는 자신이 사귀는 사람들에 의해 결정된다. 주위 사람들은 자신과 똑같은 사람들로 평가되기 때문이다.

성공하는 데는 대인관계가 가장 중요하다. 상대에게 먼저 관심을 기울이는 것, 베푸는 것, 남의 입장을 배려하는 것, 이성보다는 감정을 이해하는 것, 쓸데없는 비평이나 비판을 삼가는 것이 대인관계의 기본이다.

적절한 사람과 사귀는 것 역시 중요하다. 실제 인생에서 부딪치는

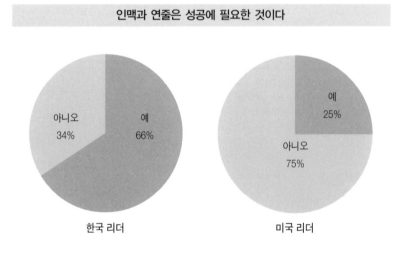

인맥과 연줄은 성공에 필요한 것이다

아니오 34% 예 66%

한국 리더

예 25% 아니오 75%

미국 리더

주) 미국 리더는 『평범했던 그 친구는 어떻게 성공했을까』 통계 참조.

모든 문제는 적절치 못한 사람과 적절치 못한 관계를 맺음으로써 발생하기 때문이다.

대인관계의 중요성은 '한국인 성공의 조건' 프로젝트에서 실시한 설문조사에서도 확인할 수 있다. 성공에 필요한 자질을 두 가지 선별하는 질문에서 타인과의 의사소통능력은 리더십, 추진력, 목표의식에 이어 4위를 차지했다.

'인맥과 연줄은 성공에 필요한 것인가' 라는 설문에서도 66퍼센트의 사람들이 '그렇다' 라고 대답했다. 미국의 CEO들을 대상으로 한 설문에서 같은 질문에 75퍼센트의 사람이 '아니오' 라고 대답한 것과 대조적이다(『평범했던 그 친구는 어떻게 성공했을까』 참조).

아마 공동체의식이 약한 미국보다 우리의 공동체의식이 더 강하기 때문이 아닌가 싶다.

사람 보는 안목을 길러라

대인관계의 출발점은 괜찮은 사람을 구분하고 그들과 가까이하는 것 그리고 그럴 만한 자격을 갖추는 데 있다.

성공은 전염된다. 혹시 잘 나가는 사람 곁에 있으면 일이 더 잘 되는 듯한 느낌을 받아본 적은 없는가? 실제로 성공한 사람은 좋은 바이러스를 널리 퍼뜨린다. 덕분에 그의 주변에 있으면 의욕과 열정과 용기가 샘솟는다.

우수한 두뇌의 최고봉은 사람을 알아보는 안목이다. 가까이할 사람과 멀리할 사람을 구분하는 것, 채용할 사람과 채용하지 말아야 할 사람을 결정하는 것, 사업을 함께할 사람과 그렇지 않은 사람을 구분하는 것은 철저히 개인의 몫이고, 그러한 안목에 의해 인생이 결정된다. 타인의 배신을 원망하기에 앞서 사람 보는 안목이 없음을 반성해야 한다.

잘 뽑아 잘 기르는 것은 경영자의 책임이다 _ 이병철

"사업보국, 인재제일, 합리추구!"

호암 이병철 회장이 생전에 부르짖던 경영철학이다. 호암은 인재에 대한 탁견을 가진 것으로 유명하며, 삼성은 자타가 공인하는 인재사관학교다.

호암은 한국에서는 처음으로 능력주의를 채택하여 학연, 지연, 혈연 등 우리 고유의 정서를 배제하고 오로지 능력위주로 사원을 채용했다. 일단 선발이 끝나면 자신의 능력을 최대한 발휘하도록 하기 위해 끊임없이 사내교육을 실시했다.

"뽑을 때 잘 뽑아 잘 기르는 것이 경영자의 책임입니다. 경영자로서 내 인생의 80퍼센트는 인재양성에 소비했습니다."

그가 인재양성에 얼마나 골몰했는지를 잘 알게 해주는 대목이다. 그는 1938년 창업과 더불어 와세다대학 후배인 이순근을 지배인으로 영입해 경영일체를 맡겼다. 호암은 은행으로부터의 거액 융자나 자재의 대량구매 및 대형수주를 제외하고는 어음책이며 인감관리까지 몽땅 지배인에게 일임했다. 아직도 직원들을 믿지 못해 임원의 비용 사용 내역까지 결재하는 오너에 비하면 호암은 용인술의 귀재였던 것이다.

혼자만의 성공은 쉽지도 않지만, 설사 성공할지라도 오래갈 수 없다. 함께 성공하는 것이 진정한 성공이다. 그것은 서로 간의 성공을 돕는 윈윈전략이다.

그러한 전략이 결실을 맺으려면 사람 알아보는 능력을 길러야 한다.

성공한 사람의 주변에는 비슷한 사람들이 몰려 있다. 그들은 서로를 알아보고 끌어주고 모임으로써 하나의 생태계를 이루고 있는 것이다.

진흙 속에 묻혀 있는 보석을 찾아라_ 김정태

국민은행을 국내 제1의 은행으로 키운 김정태 전 행장은 '은행은 사람 장사' 라는 말을 입버릇처럼 하곤 했다. 좋은 인재를 발굴해 그들이 최선의 역량을 발휘하도록 해야 한다는 의미다.

조직이 관료주의에 파묻혀버리면 기득권을 지닌 사람이 득세하고 조직은 생기를 잃고 만다. 이때, 새로운 바람을 불어넣는 최선의 방법은 소외되고 능력을 제대로 평가받지 못한 신진세력을 등용하는 것이다.

조직이 관료주의에 물들면 제자리걸음도 모자라 퇴보를 하게 된다는 것을 잘 알고 있던 김정태 행장은 먼저 직급시스템을 변경하여 기존의 서열구조를 무너뜨렸다. 실력만 있다면 밑의 직원이 먼저 지점장이 될 수 있는 길을 열어놓은 것이다. 실제로 주택은행 구조조정 당시 전체 인사발령자 중 40퍼센트가 소위 말하는 '젊은 피' 였다.

그는 늘 직원들의 사고방식을 바꿔주기 위해 노력했다.

"나에게 잘 보일 생각을 하지 말고, 시장에서 높은 평가를 받아라. 그러면 인정하겠다."

그는 철저히 역량을 기준으로 채용 및 승진을 결정했고, 채용을 한 후에는 MBA교육이나 여성인력개발 등 적극적으로 능력향상을 위한 뒷받침을 해주었다. 철저한 성과위주의 발탁과 보상 덕분에 '역평등주의자'라고 불리기도 했다.

아직도 실질적인 인종차별이 존재하는 미국에서 흑인으로 국무장관까지 지낸 콜린 파월 역시 계획보다는 사람을 우선시한 인물로 유명하다.

"계획이 일을 하는 것은 아니다. 일을 하는 것은 사람이다. 리더로서 임무를 완수하는 유일한 방법은 오로지 신뢰하는 부하를 통해서다. 축구감독은 자신이 직접 골을 넣는 게 아니다. 좋은 선수를 발굴하여 적절한 자리에 배치하고 그들이 최선을 다할 수 있도록 환경을 조성하는 것이다. 축구감독의 역량은 그가 얼마나 축구를 잘 하느냐보다 축구 잘 하는 사람을 알아보는 안목에 달려 있다. 사람을 볼 줄 아는 안목, 자기 사람으로 끌어들일 수 있는 역량, 장기적으로 유지할 수 있는 능력만큼 중요한 역량은 없다."

> 의심나는 사람은 쓰지 말고,
> 이미 쓰기로 결정한 사람은 의심하지 마라
> (疑人勿用, 用人勿疑).
>
> – 이병철

도움을 주고 도움을 받아라

계획대로만 살 수 없는 것이 인생이다. 어쩌면 그렇기 때문에 인생이 더욱 흥미롭고 도전의지를 불태울 수 있는 것인지도 모르지만, 그만큼 그것은 위험을 안고 있다.

언제 무슨 일이 벌어질지, 어느 부서로 발령을 받을지, 어떤 귀인이 나타날지, 사업에 무슨 변수가 생길지 아무도 알 수 없다. 최선을 다했어도 긍정적 결과가 보장되는 것은 아니고, 대충 했어도 반드시 나쁜 결과만 나오는 것은 아니다.

삶은 확률게임이다. 게임에서 성공 확률을 높이는 가장 좋은 방법은 주변 사람의 도움을 얻는 것이다. 때론 철저한 계획이나 목표보다 다른 사람의 눈에 비친 자신의 모습이 더 중요하다. 인생은 계획보다는 누구를 만나느냐에 의해 더 많이 좌우된다.

환경은 그 사람의 특징이 드러나게 한다 _조영래, 박원순

1975년, 도서관에서 열심히 공부를 하고 있던 박원순은 경찰들이 캠퍼스 안까지 들어와 학생들을 무자비하게 체포하는 것을 보고는 순간적으로 흥분하여 데모대에 합류했다. 그로 인해 넉 달간 구속된 그는 결국 제적을 당하고 말았다.

출소 후, '권리 위에 잠자는 자는 보호받지 못한다'는 독일 법철학자 예링의 책 한 구절을 두고두고 마음에 새긴 그는 시골에서 등기소장을 지내다가 사법시험에 합격했다.

평탄한 시절을 보내던 그는 인권변호사 고(故) 조영래를 만나면서 다시 변한다. 조 변호사와의 만남은 더 이상 그를 '권리 위에 잠잘 수 없도록' 했다. 선진국에서 인권문제를 연구해보라는 조 변호사의 권유로 1991년부터 2년간 미국에 유학을 다녀온 후 시민운동에 발을 내딛게 되었다.

당시, 이러한 결단에 대해 동료변호사들은 의아한 눈길을 보냈다. 동료 차병직 변호사는 그때의 상황을 솔직하게 들려주었다.

"당시 국제변호사 자격증을 따러 유학가는 경우는 있었지만 박 변호사처럼 인권연구를 위해 변호사직을 내팽개친 사람은 처음이었습니다."

지금 참여연대를 거쳐 아름다운 재단을 이끌고 있는 박원순은 이 시대의 존경받는 리더 중 한 사람이다. 그렇다고 그가 처음부터 이러한 계획을 세웠던 것은 아니다. 단지 주어진 환경에 최선을 다하다 보니 여기까지 온 것이다.

환경은 사람을 만드는 것이 아니라 그 사람의 특징을 드러나게 할 뿐이다.

치열한 생존경쟁은 잠재된 능력을 끌어낸다 _이병철, 성상용

"세상에, 골프장이라니!"

학교를 졸업한 후, 삼성에 입사한 성상용은 인사업무를 주로 담당하다가 갑자기 골프장으로 발령을 받았다. 그때까지 한 번도 골프장에 가본 적이 없던 그가 골프에 대해 유일하게 알고 있던 사실은 부킹이 어렵다는 것뿐이었다.

하지만 1987년에 겪은 그 사건은 그의 인생에 일대 전환점이 되었다. 그것이 계기가 되어 오늘날 렉스필드CC의 사장으로 거듭날 수 있었기 때문이다. 그런 의미에서 이병철 회장은 그에게 인생의 귀인인 셈이다. 전혀 예측하지 않았던 사건, 즉 인사발령 하나가 개인의 인생을 180도 바꿔놓은 것이다.

갑자기 안양골프장으로 발령을 받은 그는 황당했다. 이병철 회장은 까다롭기로 소문난 터였고, 이미 전임자 몇 명은 몇 개월 버티지 못하고 그만두었다는 얘기까지 있었다. 가장 중요한 것은 '생존'이었다. 적성에 맞고 안 맞고를 떠나 생존경쟁에서 살아남는 것이 무엇보다 절실했다.

다행이 골프산업에 재미를 붙였고, 어느 정도 자신감도 생겼다. 그러면서 골프업계에서 이름이 났고 새로운 골프장을 만들면서 스카우트되어 지금에 이르렀다.

그 역시 자신이 계획해서 한 것은 없다. 어느 날 갑자기 인사발령을 받았고, 생존을 위해 열심히 살았고, 그러면서 서서히 자신의 브랜드를 인정받고 지금에 이른 것뿐이다.

우리는 살아가면서 수많은 사람을 만난다. 그리고 하나하나의 만남으로부터 크고 작은 영향을 받으며 변화한다. 사람을 잘 만나 성공에 이르기도 하고, 잘못 만나 패가망신하기도 한다.

박원순 변호사가 조영래 변호사를 만나지 않았다면? 성상용 사장이 이병철 회장을 만나지 않았다면? 역사에 가정은 있을 수 없다고 하지만, 아마 그들의 인생은 많이 달라졌을 것이다.

성공은 귀인을 알아보고 그들과 어떻게 인연을 맺느냐에 달려 있다.

> 마와 함께 자란 쑥대는 부축하지 않아도
> 스스로 곧게 자라며,
> 진흙 속에 있는 흰 모래는
> 그 진흙과 더불어 전부 검게 되느니라
> (蓬生麻中 不扶自直 白沙在泥 與之皆黑).
>
> — 『사자소학』

나로 인해 단 한 사람이라도 행복하게 하라

지구상에서 개체수가 가장 많고 역사가 오래된 것은 바로 곤충이다. 그 이유는 식물과 좋은 관계를 유지했기 때문이다. 곤충은 여러 형태로 식물의 생식을 도와줌으로써 오랫동안 성공적으로 생존해왔다. 반면, 공룡은 별다른 기여 없이 혼자서 모든 것을 먹어치웠고 결국 멸종하고 말았다.

인간관계에서도 주고받음은 필수적이다. 주기만 하거나 받기만 해서는 지속적인 인간관계를 유지하기 어렵다. 주고받음의 대상은 돈이 될 수도 있고 노력 봉사일 수도 있으며 성공적인 기회제공이 될 수도 있다. 감사함을 표현하는 것도 좋은 방법이다.

인생을 성공적으로 살아가는 사람은 늘 뭔가를 베풀려고 한다. 그들은 받기만 하고 베풀지 않는 사람은 절대 성공할 수 없음을 알고 있다. 미국의 철학자이자 시인인 랄프 왈도 에머슨은 진정한 성공에 대해 이렇게 정의하고 있다.

"자주 많이 웃는 것, 현명한 사람에게 존경받고 아이들에게 사랑받는 것, 정직한 비평가의 찬사를 받고 친구의 배반을 참아내는 것, 아름다움을 구별할 줄 알고 다른 사람에게서 최선의 것을 발견하는 것, 건강한 아이를 낳든 한 뙈기의 정원을 가꾸든 사회환경을 개선하든 자신이 태어나기 전보다 세상을 조금이라도 살기 좋은 곳으로 만들어놓고 떠나는 것 그리고 자신이 한때 이곳에 살았음으로 해서 단 한 사람의 인생이라도 행복해지는 것, 그것이 진정한 성공이다."

아는 것을 함께 나누는 즐거움_ 김민주

세상을 향해 손을 내미는 방법은 다양하다. 어느 위치에 있든 그것이 자신의 최선이라면 에머슨의 말대로 정원 한 뙈기를 가꾸더라도 세상에 도움이 되는 일이다.

성공한 사람은 늘 뭔가를 주려고 한다. 광고회사 유달리와 마케팅 사이트 이마스를 운영하는 김민주 대표도 그렇다. 그는 자신의 풍부한 지식을 혼자 사용하지 않고 『마케팅어드벤처』, 『공익마케팅』, 『레드마케팅』 등의 저서를 통해 세상과 함께 나누고 있다.

나는 그동안 비즈니스나 저술활동에서 그의 도움을 많이 받았다. 그를 만나면 언제나 많은 것을 배우고 지적으로 자극을 받는다. 아마도 그가 워낙 공부를 많이 하고 엄청난 호기심으로 세상을 바라보기 때문일 것이다.

특히 오늘날처럼 이기심이라는 유리벽이 사방을 둘러싸고 있는 상황에서 얘기가 통하는 사람과 마음껏 대화할 수 있다는 것은 대단한 행운이다. 그는 지식의 샘은 퍼올려 쓰면 쓸수록 더욱 맑고 깨끗한 샘물이 솟아오른다는 것을 알고 있는 사람이다.

무엇이 나를 위해 또 그를 위해 도움이 될 것인가_ 이미경

지난 몇 년간 나는 환경재단의 이미경 국장 덕분에 한국리더십센터라는 교육전문회사에서 일할 수 있었다. 당시 홍보기획담당자였던 그는 내게 풍부한 경험의 장을 제공했다. 덕분에 나는 교육시장과 더불어 고객에 대한 통찰력을 기를 수 있었다.

그는 늘 주변 사람을 생각한다. 무엇이 나를 위해 또 그 사람을 위해 도움이 될 것인지를 생각하고 실행한다. 그래서 그런지 그를 만나면 늘 좋은 일이 생긴다. 언론에 글을 쓸 수 있는 기회도 생기고 유명한 분들과도 쉽게 만날 수 있었다.

만나서 기분 좋고 또한 여러 가지로 도움을 받을 수 있다면 그런 만남보다 더 좋은 것은 없다. 특히 겸손하게 상대방을 배려하는 사람에게는 인간미가 느껴져서 더욱 좋다.

받는 것보다는 주는 것을 좋아하는 사람은 정신적으로 성숙한 사람이다. 성공하는 사람은 늘 주변 사람을 어떻게 도와줄 것인지, 모두에게 도움이 되기 위한 나의 역할은 무엇인지에 대해 생각한다. 이들은 주는 것으로부터 기쁨을 얻는다. 그렇기 때문에 그들을 만나면 에너지가 생기고 지적으로 자극을 받고 멋진 기회를 얻게 된다.

즐거움을 얻기 위해서는 즐거움을 주어야 한다. 무조건 받으려고만 하는 것은 질병이다. 이것은 우리를 가족과 친구로부터 멀어지게 하고 영혼까지 갉아먹는다.

성공의 비밀은 주는 데 있지, 받는 데 있는 것이 아니다.

베푼다는 생각 없이 보시하는 것.
그것이 참다운 베풂입니다.

－ 「반야경」

세심하게 배려하라

사람은 약하고 잘못되기 쉽고 완전하지 못하다. 따라서 늘 나의 입장만 고수할 것이 아니라, 타인의 입장에 서서 배려하는 자세가 필요하다. 날카로운 직선이 아닌 부드러운 곡선의 자세로 때로는 상대의 잘못을 모르는 체해야 할 경우도 있고, 따뜻하게 감싸안아야 할 경우도 있다.

아마존강 유역에 사는 야노마족은 상대를 존중하고 배려하는 자세를 잃지 않기 위해 기발한 합의를 한다고 한다.

예를 들면 한 부족은 자신들이 기르던 개를 모조리 죽이고, 다른 부족은 닭을 모조리 죽이는 식이다. 그러면 자기 부족에게 없는 개나 닭을 이웃 부족에게 의존하지 않을 수 없게 된다. 이렇게 서로에게 의지할 수밖에 없는 환경을 만들어 상대를 얕잡아보거나 자기욕심을 채우려하는 것을 경계하는 것이다.

작은 배려가 생명을 앗아갈 수도 있는 위험을 예방하기도 한다.

호숫가에 사는 한 농부가 여름 내내 타고 즐기던 보트를 끌어올려 창고에 갖다두었다. 그때 작은 구멍을 발견했지만 내년에 고칠 생각으로 그냥 두었다.

다음 해 봄이 되자 그는 보트를 꺼내 페인트공에게 페인트칠을 부탁했다. 이윽고 농부의 아이들이 그 보트를 꺼내 물놀이를 나갔는데, 아이들이 호숫가로 가고 한참 후에야 농부는 보트에 구멍난 게 생각났다. 기겁을 한 농부는 아이들이 호수에 빠져 죽었을지도 모른다는 생각에 한달음에 호숫가로 달려갔다.

그때 물놀이를 끝낸 아이들이 보트를 끌어올리고 있었고, 농부는 아이들이 무사함을 확인한 다음 보트를 살펴보았다. 그런데 보트의 구멍은 말끔히 메워져 있었다. 그것이 페인트공의 배려였음을 깨달은 농부는 그를 찾아가 마음 깊이 감사의 인사를 했다.

사람들은 작은 것에 감동한다_박영주

1978년, 박영주 회장은 경영이 어려워진 이건산업을 인수했다. 회사를 둘러본 박 회장은 가장 먼저 공장에 수세식화장실을 만들라고 지시했다. 그것도 롯데호텔 화장실을 사진으로 찍어와 똑같이 만들라고 했다. 다음으로 우리나라에서 가장 좋은 기숙사를 지으라는 지시를 내렸다. 이후, 그 기숙사는 각국 대사들의 시찰코스가 되었다.

"당시 많은 사람들이 미쳤다고 했지요. 회사를 시작하자마자 쓸데 없는 데 돈을 쓴다며, 그러면 회사가 망한다고 했어요."

지난 30년간 노사분규 없이 목재부문 13위의 회사를 1위로 올려놓은 박 회장은 미소를 지으며 그때를 회상했다. 실제로 주변 회사는 대부분 극심한 노사분규로 사라졌거나 중국으로 이전했지만, 이건산업은 계속해서 탄탄하게 성장하고 있다.

이 회사 노조위원장은 자랑스럽게 일터를 소개한다.

"직원들은 작은 것에 감동하고 작은 것 때문에 불만이 생깁니다. 현장 직원들은 퇴근할 때 샤워를 하는데, 수건을 갖고 다녔어요. 사장님이 수건을 갖고 다니면 귀찮으니 목욕탕처럼 수건을 비치해 놓자고 하시더군요. 우리 회사는 흑자가 나면 경영자가 먼저 보너스를 제안합니다. 설비투자를 해야 할 일이 있으면 그에 대한 이해를 구하죠. 제가 경영자와 대화를 한 후 노조 각 책임자들에게 충분히 전달합니다. 그들의 얘기를 듣고 경영자들에게도 전하죠. 우리 회사는 갈등이 생기기 전에 대화로 해결합니다."

기득권을 쥐고 있는 사람이 먼저 배려할 줄 알고 깊은 이해를 보인다면, 어느 누가 그를 존경하지 않을 수 있겠는가!

사람에 대한 배려가 우선이다_허태학

한국에는 세계 10위권 안에 드는 테마파크가 두 개나 있는데, 하나는 에버랜드고 다른 하나는 롯데월드다. 일설에 의하면 디즈니랜드가 한국에 상륙하지 않은 이유는 에버랜드 때문이라고 한다.

자연농원을 현재의 에버랜드로 만든 사람이 바로 허태학이다. 그는 취임하자마자 기숙사를 1인 1실로 만들었다.

"서비스업종 제1의 덕목은 친절입니다. 친절은 마음에서 우러나오는 것이지요. 몸이 피곤하면 친절이고 뭐고 나오지 않습니다. 하루 종일 사람들과 부대낀 사람들에게는 혼자만의 시간을 주어야 합니다. 그래야 푹 쉬고 다음 날 친절하게 서비스를 할 수 있는 겁니다. 그래서 1인 1실은 꼭 필요합니다."

방 하나에 4명씩 사용하던 당시로서는 파격적인 발상이 아닐 수 없었다. 시설도 호텔수준으로 높였다. 그 같은 배려가 세계적인 테마파크의 탄생으로 이어진 것이다.

이후, 그는 삼성석유화학으로 가게 되었는데 그곳에서는 헬스장과 목욕탕이 따로 떨어져 있는 것을 보고 이것을 합치게 했다. 땀을 흘린 사람이 그 자리에서 목욕을 할 수 있도록 하기 위해서다.

배려는 남의 입장에 서서 생각하는 것이다. 이런 얘기를 하면 상대는 어떻게 생각할까, 나의 이런 행동이 상대에게 어떤 영향을 줄까를 늘 염두에 두는 것이다.

사람이 지닌 본능 중 가장 큰 것은 인정에 대한 욕구다. 이러한 욕구를 충족시키지 못하면 언젠가 그것은 부메랑이 되어 자기 자신에게로 돌아온다. 반대로 아주 사소한 것일지라도 배려를 하면, 기대 이상의 보상을 얻게 된다.

배려는 상대의 입장에서 한번 더 생각하는 것이다.

교수형에 처해진 사람의 집에서는
끈 이야기를 해서는 안 된다.

– 스페인 속담

잇속보다는 뱃속이 맞아야 한다

사람은 생각하는 동물이 아니라 감정의 동물이다. 생각, 감각, 직관은 감정의 지배를 받는다. 나를 이해한다는 것은 내 심리, 내 감정을 이해한다는 것을 뜻한다. 상대를 이해한다는 것은 그 사람의 감정, 생각, 신념, 가치관 심지어 신체적 건강까지 이해한다는 것을 의미한다.

감정은 우리가 살아 있다는 것을 알려주는 생생한 징표이자, 우리의 진정한 문제가 무엇인지를 알려주고 위기에 대처하게 만든다. 그렇기 때문에 감정을 이해하는 것은 중요하다. 예를 들어 승진이나 시험을 앞두고 불안하지 않으면 아무런 준비를 하지 않을 것이다.

현대인들은 많은 것을 알고 있다. 어떻게 살아야 하는지, 시간관리를 하려면 무엇이 필요한지, 대인관계에서 성공하려면 어떻게 해야 하는지 등 많은 것을 안다. 하지만 그것은 단지 머리로만 아는 것이다.

머리로 아는 것은 행동과는 별개의 문제다.

진정으로 아는 것은 마음으로 아는 것이다. 그래야만 행동으로 갈 수 있다. 뭔가를 시도하는 원동력은 바로 감정에서 나온다. 따라서 감정을 이해하고 다스리는 법을 배우는 것은 자신의 잠재능력을 계발하고 생산성을 향상시키는 데 매우 중요하다.

하늘을 감동시키기는 어려워도 사람을 감동시키기는 쉽다_최철수

감동을 줄 줄 아는 코리아인스트루먼트의 최철수 회장은 섬유업을 하면서 직원이 거의 2천 명에 육박하자, 그들을 객지에 보내놓고 노심초사할 부모들을 떠올렸다. 그들의 마음을 어루만지고 의욕이 샘솟도록 할 방법이 없을까를 고민하던 그는 '편지' 라는 아이디어를 생각해냈다. 월급날마다 편지를 보내 직원 소식을 부모들에게 알려주기로 했던 것이다.

물론 내용은 별 것 아니었지만, 받는 사람의 입장에서는 그게 아니었을 것이다. 자식이 지난달에 잔업을 얼마나 했는지, 봉급과 보너스는 어떻게 되고, 현재 저축상태는 어떠한지, 또한 사람들과의 대인관계는 어떠한지 등 자잘한 근황과 더불어 일을 잘 하고 있으니 염려 말라는 위로를 받으니 얼마나 마음이 놓이겠는가.

처음에는 최 회장이 직접 편지를 작성했는데, 직원의 수가 늘어나면서 편지작성을 위한 전담직원을 두기도 했다. 그래서 그런지 그가 섬유업을 하는 동안 노사분규 한 번 일어난 적이 없다.

하늘을 감동시키기까지는 피땀 어린 노력이 필요하지만, 사람을 감동시키기는 의외로 쉽다. 남들이 무심하게 넘어가는 아주 사소한 것 하나를 챙겨주어도 상대는 금방 감동하게 된다.

어려울 때 나눌 줄 알아야 마음을 얻는다_ 정문식

"여보, 김장값을 줘야 김장을 담그죠. 배추값이 하루가 다르게 뛰고 양념값도 많이 올랐는데 어떡해요!"

"…"

이른 아침에 출근을 하는 이레전자 정문식 사장의 등에 대고 아내가 벅벅 바가지를 긁었지만, 그는 묵묵히 회사로 나왔다. 아직 회사가 자리를 잡지 못했던 터라 사는 게 그리 넉넉지 않았던 것이다. 그는 자리에 앉자마자 곰곰이 생각에 잠겼다.

'사장인 내가 집에서 이런 꼴을 당하는데 우리 직원들은 오죽할까.'

그는 그 자리에서 결단을 내렸다. 그리고 그 해부터 지금까지 전 직원에게 단체로 김장을 담가 배달해주고 있다. 사소한 일이기는 하지만, 회사의 이런 배려에 직원들이 어떻게 생각했을지는 쉽게 짐작할 수 있을 것이다.

논리적이고 치밀한 데다 늘 옳은 말만 하는데도 왠지 가까이하기가 싫

은 사람이 있는 반면, 논리적이지도 않고 엄벙덤벙하지만 끌리는 사람이 있다. 모두 사람의 감정 탓이다. 말 한 마디로 사람을 기분 좋게 하기도 하고, 기분을 망쳐놓기도 하는 것 역시 감정 때문이다.

그러므로 늘 자기 자신을 돌아보아야 한다. 자신의 감정을 잘 파악하고 다스릴 수 있어야 한다. 자신의 감정을 읽을 수 있어야 다른 사람의 감정도 헤아릴 수 있다. 상대의 공감을 이끌어내 좋은 관계를 유지하려면 잇속보다는 뱃속이 맞아야 한다.

마음의 논리는 이성으로 설명되지 않는다.

– 파스칼

유머로 상대를 무장해제시켜라

지나치게 이성에 기울면 로댕의 '생각하는 사람'이 되고, 감정에 지배를 당하면 '술 취한 돈키호테'가 되어버린다고 한다. 세상에는 돈키호테처럼 허허거리며 웃는 사람보다 심각하게 생각하는 표정을 짓는 사람이 더 많은 것 같다.

가정이든 직장이든 웃음이 사라진 곳은 모래벌판처럼 삭막하기 그지없다. 웃는 것도 습관이다. 자꾸만 웃다 보면 표정도 밝아지고 행동에도 힘이 생기게 된다. 그러니 억지로라도 웃는 연습을 하는 것이 좋다.

스스로 즐거운 분위기를 만들어낼 수 있는 유머감각이 있다면 금상첨화다. 잘 웃고 유머감각이 풍부한 사람은 전쟁터에서 성능 좋은 무기를 지니고 있는 것과 같다.

테레사 수녀의 채용기준은 그것이 얼마나 중요한지 잘 말해준다.

"잘 웃고, 잘 먹고, 잘 자는 사람. 그런 사람은 자신의 삶을 행복하게 가꾸고 다른 사람도 잘 도울 수 있다. 또한 남을 잘 위로해준다."

성공하는 사람들은 부드럽고 재미있다. 때문에 이들을 만나면 유쾌해서 지루하다는 생각을 하지 않게 된다. 그들은 만나자마자 사람을 딱딱하고 무거운 분위기로부터 무장해제시키는 능력을 갖고 있다.

사람의 마음을 웃게 하라_이시형

타고난 이야기꾼, 이시형 박사는 어린시절부터 사회적 이슈에 관심이 많아 사람들을 모아놓고 얘기하기를 좋아했다. 그래서 붙은 별명이 대통령이다. 그는 사람들 앞에서 이야기를 하고 그것을 글로 쓰면서 더욱 커뮤니케이션 능력이 좋아졌다고 한다.

같은 얘기를 해도 그가 하면 사람들은 공감하고 배꼽을 잡고 웃는다. 그가 사용하는 언어는 항상 편하고 쉽다. 그래서 사람들로부터 공감을 얻어내는 것인지도 모른다.

예를 들어 의료보험문제를 얘기할 때도 이런 식이다.

"아니, 애 낳는 값보다 개 낳는 값이 훨씬 비싸니 누가 애를 낳고 누가 산부인과에 가겠습니까?"

그의 절묘한 비유에 사람들은 포복절도하며 쾌감을 느낀다. 하지만 단순한 재미만을 주는 것이 아니다. 그의 말 속에는 분명 굵은 뼈가 들어 있다. 그래서 사람들은 더욱 공감한다.

© Hankooki.com

어렵고 딱딱한 용어를 사용해야만 권위가 서고
글줄이라도 읽은 사람 냄새를 풍기는 것은 아니다.
오히려 그런 이야기는 자장가 역할밖에 못한다.
공감대를 형성하려면 듣는 사람의 입장에 서서
편하고 쉬운 언어를 사용해
물 흐르듯 자연스럽게 이야기하는 것이 좋다.

긍정적으로 생각할 줄 아는 사람은 표현도 긍정적으로 한다. 그리고 긍정적인 표현은 자기 자신은 물론 타인에게도 행복바이러스를 퍼뜨린다. 밝고 명랑한 언어는 삶의 청량제이자 자극제다.

자신의 단점도 걸쭉하게 풀어내면 장점이 된다_ 김광호

삼성경제연구소의 CEO대상 유료사이트인 SERI CEO에서 '골프와 경영' 코너를 맡고 있는 김광호 원장도 둘째가라면 서러워할 정도의 재담꾼이다. 그는 골프와 관련한 이야기, 골프에서 배우는 교훈 등을 사례와 함께 재미있게 소개하는데, 특유의 입담으로 많은 팬을 갖고 있다.

"저는 익산 남성고등학교(예전에 굉장한 명문학교였음)의 텍사스반(공부 못하는 애들을 모아놓은 반) 출신입니다. 무기정학 2번에 유기정학 5번… 이 정도면 학교에서 완전히 내놓은 사람이지요. 늘 준법과 탈법의 경계선을 넘나들었습니다. 한번은 나훈아쇼를 보러 갔다가 이갑득 선생님에게 들켰는데, 그 분은 나를 보고도 못 본 척해주셨습니다. 지금도 고맙게 생각합니다.

대학은 원하지 않는 농대에 들어가 4년 내내 응원단장을 하면서 신나게 놀았습니다. 우리 아버지는 소리를 하셨는데 내가 농대를 다닌다니까 무슨 농악대 비슷한 걸 공부하는 것으로 생각하셨습니다. 그래서인지 언젠가 이런 질문을 하시더군요. '너는 도대체 뭘 치고 다니냐?' 처음에는 무슨 말인지 몰랐습니다. 아마 꽹과리나 징 같은 것을 치는 걸로 생각했던 것 같습니다.

얼마 전 모교에서 성공한 졸업생을 세 명 선정했는데, 그 안에 제가 들어갔다고 하더군요. 교장선생님께 왜 나 같은 사람이 선정되었냐고 질문을 하자 그 분은 이렇게 얘기했습니다. '들꽃에게도 희망을 주어야 할 것 아닙니까.' 이 말을 듣고 저는 주저없이 고향으로 내려갔습니다. 그런데 제 동기들은 김광호가 둘인 줄 알았다고 하더군요. 도저히 믿어지지 않는다는 거겠죠."

똑같은 얘기도 얼마나 재미있게 하는지 웃느라 자꾸 얘기가 끊길 지경이다.

신뢰와 존중, 호감은 강요할 수도, 가르칠 수도 없다. 하지만 웃음은 그것이 굴러들어 오는 데 커다란 도움을 준다. 그렇기 때문에 백만 불짜리 미소를 지을 줄 아는 사람은 사회에서 성공할 확률이 높다.

웃음은 여유가 있고 자신감이 있어야 자연스럽게 나온다. 열등감이나 피해의식에 가득 차 있는 사람은 늘 다른 사람이 자신을 어떻게 생각하는지 신경을 곤두세우느라 웃을 여유가 없다. 반대로 자신의 약점마저도 유머의 소재로 삼을 수 있는 사람은 일정 경지에 오른 성숙한 사람이다.

대우자동차의 김태구 전 사장은 늘 자신의 대머리를 소재로 삼아 주변 사람들에게 웃음을 한 바가지씩 나눠준다. 비가 오고 날씨가 잔뜩 흐려 있으면 그는 유머의 강편치를 날린다.

"오늘처럼 흐린 날에는 나 같은 사람이 몇 명 더 있으면 좋을 텐데…."

상사가 이 정도로 여유를 보이면 아랫사람들은 긴장감을 풀고 더욱 친근감을 느끼게 마련이다. 유머는 한 발 떨어져 사태를 관망하는 여유로움에서 나온다. '항로를 좀 벗어난들 어떤가' 라는 태도다.

우리는 유머를 통해 사소한 일을 슬기롭게 넘기는 여유를 갖게 된다. 상황을 너무 심각하게 받아들이거나 경직된 태도, 고집, 과잉반응, 균형을 잃은 행동, 지나친 완벽추구 등은 모두 유머를 통해 극복할 수 있다. 유머는 타인에 대한 애정과 이해, 따뜻하고 여유 있는 마음 그리고 세상을 바라보는 진지한 통찰력에서 나온다.

우리는 행복하기 때문에 웃는 것이 아니다.
웃기 때문에 행복해진다.

– 윌리엄 제임스

얼굴은 인생의 대차대조표

이미지는 '마음의 모양'이란 뜻을 가진 그리스어 '이마고(Imago)'에서 유래했다. 최근에는 이미지를 전문적으로 관리해주는 컨설턴트가 있을 정도로 이미지에 대한 사람들의 관심이 높다.

이미지는 나이가 들수록 점점 중요해진다. 젊어서의 얼굴은 조상이 물려준 것이라 어쩔 수 없지만, 나이가 들면 자신이 얼굴을 만들고 스스로 책임져야 하기 때문이다.

대통령이 된 링컨이 한창 각료를 구성할 즈음, 측근이 천거한 인물을 얼굴이 마음에 들지 않는다는 이유로 거절했다. 측근이 발끈하자 그는 "적어도 40대라면 자신의 얼굴에 책임을 져야 한다"고 말했다.

국내 인상학 분야의 박사 1호인 주선희 씨 역시 "타고나는 얼굴은 20~30퍼센트에 불과하며 70~80퍼센트는 후천적 환경이나 노력으로 만들어진다"고 했다.

이미지를 좌우하는 얼굴은 단순한 외모를 말하는 것이 아니다. 얼굴은 마음을 보여준다. 어떤 사람은 '얼굴은 마음의 간판이고 생활의 기록이다'라고 말하기도 한다. 나는 '얼굴은 인생의 대차대조표'라고 생각한다. 그 이유는 사람의 얼굴에 매출과 이익이 나타나기 때문이다.

표정이 어두운 사람은 채용하지 않는다_유진녕

엘지화학연구원의 유진녕 원장은 그야말로 내로라하는 엘리트집단과 함께 일한다. 자기분야에서 최고임을 자랑하는 엘리트들이 모여 있다 보니 툭하면 자존심 싸움을 벌이느라 초기에는 협조체제를 이루기가 어려웠다.

유 원장은 심각하게 고민했다. 아무리 최고의 두뇌가 모였다 할지라도 협조가 이루어지지 않으면 최대의 능력을 발휘하여 성과를 낼 수 없기 때문이었다. 그러다가 그가 깨달은 것이 바로 직원을 채용하는 단계부터 이미지를 꼼꼼히 체크해야겠다는 것이었다.

"그동안 어려움을 겪은 것은 다 제 탓입니다. 지금까지는 주로 학력이나 경력에 많은 비중을 두고 사람을 선별했죠. 하지만 지금은 이미지의 비중을 대폭 높였습니다. 그러자 실패 확률이 확실히 줄더군요. 외모가 잘생기고 못생기고는 중요치 않습니다. 그 사람의 표정이 밝으면 저는 채용을 결정했죠. 아무리 실력이 있어도 어두운 분위기를 지니고 있으면 절대 채용하지 않습니다. 그러자 신기하게도 문제가 대폭 줄더군요."

세상에는 두 종류의 사람이 있다.

어떤 사람은 그가 방에 들어오면 방 전체가 환해진다. 어떤 사람은 그가 방에서 나가면 방이 환해진다. 당신 같으면 어떤 사람과 같이 일하고 싶은가?

에미상을 수상한 프로듀서 크리스토퍼 로이드는 매력적인 사람에 대해 자신의 의견을 강하게 피력한다.

"보기 좋은 외모는 확실히 장점입니다. 인간인 이상 어쩔 수 없이 매력적인 사람한테 끌리게 마련입니다. 여기서 매력이란 단지 육체적인 것만 말하는 게 아닙니다. 자신을 잘 표현하는 사람, 그런 사람이 매력적인 사람입니다."

내가 만나본 성공한 사람들은 표정이 아주 밝다. 그리고 행동은 시원시원하고 거침이 없다. 분명 어렵고 힘든 길을 헤쳐왔다는 것을 알고 있는데도 그 이미지 어디에도 그늘이 없는 것이다.

생각과 얼굴은 일치한다 _ 안철수

40대 중반의 나이에 해맑은 표정을 지을 수 있는 사람은 몇이나 될까? 그것도 천진난만하고 아기 얼굴 같은 표정을 지을 수 있는 사람 말이다.

내가 만난 안철수는 그랬다. 처음 만났을 때, 그의 얼굴을 보느라 다른 생각을 못할 정도였다. 그의 얼굴을 보면서 놀라움을 넘어 기적이라는 생각까지 했으니 그의 표정이 얼마나 맑은지 짐작이 되리라.

그와 함께 앉아 있는 내내 나는 기분이 좋았다. 좋은 이미지, 맑은 분위기가 전염되는 듯싶었다.

"사실, 저는 혼자서 책 읽고 조용히 지내는 것을 좋아합니다. 제가 가장 자신없는 부분이 사람 만나는 것입니다. 그런데 사업이라는 것이 사람을 안 만나고는 할 수 없잖습니까? 회사가 어느 정도 궤도에 오르면 저는 다른 일을 하고 싶습니다."

그를 만나고 나서 한 달 후 그가 사장직을 버리고 미국으로 공부하러 간다는 소식을 들었다. 어쩌면 그는 친절과 겸손, 솔직함이 배인 그 맑은 표정으로 또 다른 신화를 창조하기 위해 동면에 들어간 것인지도 모른다.

외모는 중요하다. 특히, 첫 인상이 중요하다. 첫 만남에서 그 사람이 무슨 생각을 하며 살아왔는지, 지금 어떤 기분인지, 다른 사람에 대해 어떤 감정을 갖고 있는지, 기분이 좋은지 나쁜지, 지루해하는지, 더 있고 싶어하는지 등 웬만한 것은 모두 알 수 있다. 그렇기 때문에 자신의 이미지를 가꾸기 위해 노력해야 한다. 억지로라도 미소를 짓고 밝은 표정을 연습해야 한다.

좋은 이미지는 성공 뒤에 오는 것이 아니라, 성공보다 앞서 온다. 좋

© Hankooki.com

좋은 이미지를 유지하려면
자신의 이익을 위해 상대방을 이용하지 않겠다는
진실한 마음가짐이 선행되어야 한다.
또한 스스로 일관성있게 원칙을 지키고
상대와의 약속을 성실하게 지키는 모습을 보여주어야 한다.

은 생각을 하면 좋은 이미지가 만들어지고 그러면 성공할 수 있다. 그러나 좋은 이미지는 하루아침에 만들어지지 않는다. 마음을 잘 다스리면 오랜 세월에 걸쳐 그것이 얼굴로 전해지게 된다.

40세 이후의 얼굴은 말보다
그 사람에 대해 더 많은 것을 말해준다.

– 말콤 포브스

탁월한 커뮤니케이터는 귀담아듣는다

아프리카로 선교활동을 떠난 사람이 성서를 번역하면서 '눈처럼 희고 깨끗하게' 라는 말을 두고 고민에 빠졌다. 아프리카 원주민들은 한 번도 눈을 본 적이 없기 때문이었다. 그러다가 원주민들이 즐겨먹는 야자열매의 속이 눈처럼 흰색이라는 것을 깨달은 그는 그 부분을 '야자열매 속처럼 희고 깨끗하게' 로 번역하였다.

원활한 커뮤니케이션을 위해서는 눈높이를 맞춰야 한다. 하루살이는 절대로 내일을 알 수 없고, 메뚜기는 결코 내년을 알지 못한다. 그렇기 때문에 무엇보다 상대방의 입장에 서서 생각하고 적절한 언어를 선택하려는 노력이 필요하다.

특히 조직생활에서 커뮤니케이션은 핏줄과 같다. 그것이 막히면 혈류장애가 일어나 몸이 제 기능을 하지 못한다. 커뮤니케이션을 어떻

게 하느냐에 따라 조직구성원이 비전을 공유할 수도 있고, 공동체의식
으로 똘똘 뭉쳐 있던 구성원을 분열시키고 갈라놓을 수도 있다.

커뮤니케이션은 사람들을 열정으로 전염시키기도 하고, 냉소적으로
바꾸기도 한다. 경영의 귀재로 알려진 잭 웰치가 GE를 세계 최고의 기
업으로 탈바꿈시킨 것도 사실은 커뮤니케이션의 힘이다.

'나를 따르라' 고 하지 말고 '함께 가자' 고 말하라_서두칠

기업을 치료하는 의사 서두칠은 망가진 기업을 치료할 때 세 가지 원
칙을 분명히 지킨다. 우선 사실을 사실대로 정확하게 본다. 그런 다음
그 사실을 가감없이 전 직원에게 알리고 문제를 공유한다. 마지막으
로 모두가 위기상황을 공감하게 하여 적극적으로 위기극복에 동참하
도록 이끈다.

그의 최대 장기는 솔직함이다. 사람들이 흔히 자신이 보고 싶은 것
만을 보는 것과 달리 그는 냉철하게 현실을 있는 그대로 읽어낸다. 그
는 자신이 맡게 된 한국전기초자의 절망적인 상황에 대해 솔직했다.
막연히 잘 될 거라고 말하지 않았다. 오히려 직원들에게 경영정보를
빠짐없이 공개했다. 어설프게 희망을 불어넣기보다는 직원들 스스로
위기의식을 공유하도록 했다.

물론 이것이 끝은 아니다. 아픔도 슬픔도 위기도 완전히 공개한 후에
는 비전을 제시하고 거기에 직원들이 참여하게 했다. 그렇다고 그가 '나

를 따르라(Follow me)고 얘기한 것은 아니다. 그는 함께 가자(Let's go)라고 얘기했다.

그는 처음 1년 동안 정말로 많은 커뮤니케이션을 했다. 말뿐 아니라 글이나 편지 메시지는 수시로 전해졌다. 물론 커뮤니케이션은 한방향이 아니라 양방향이었다. 현재의 상황이 어떤지, 어떻게 어려움을 극복해야 하는지에 대해 직원들과 수시로 대화를 주고받았다.

그리고 그들은 일어섰다.

말을 번지르르하게 하는 것이 커뮤니케이션은 아니다. 말이 다소 어눌하더라도 진실이 담겨 있고 사람들의 공감을 이끌어내는 것이 진정한 커뮤니케이션이다.

커뮤니케이션을 통해 참여를 유도하라 _김영태

"모든 보고는 이메일로 하라. 모든 지시도 이메일로 하겠다. 부득이 문서로 할 경우에는 한 장을 넘기지 않도록 하라."

어느 날 갑자기 엘지CNS의 직원들은 김영태 사장으로부터 이런 지시를 받았다. 그는 사장의 생각을 직원이 모르고, 직원이 무슨 생각을 하는지 사장이 모른다면 경쟁에서 이길 수 없다는 절실함으로 이메일을 통한 동시경영(synchronous management)을 도입했던 것이다. 함께 고민하고 함께 풀어나가자는 것이 그의 생각이었다.

처음에는 반발도 많았지만 1년이 지나자 문화가 바뀌기 시작했다.

과정이 투명해지고 계층 간 벽이 허물어지고 거짓말이 사라졌다. 무엇보다 경영의 속도가 빨라졌다.

기업의 규모가 공룡처럼 비대해지면 무엇보다 커뮤니케이션의 속도가 느려지고 관료주의가 판을 친다. 그로 인해 윗사람과 아랫사람이 따로 놀고, 회사의 이익보다는 부서 이기주의로 쉽게 빠져든다. 더욱이 과거의 성공에 기대어 이미 구닥다리 전략으로 변해버린 성공법을 우려먹고 또 우려먹느라 변화에 신속하게 대처하지 못한다.

조직의 탄력성을 위해서는 뭔가 자극이 필요하다고 생각한 김영태 사장은 입사 2, 3년차 직원을 10명 정도 선발하여 청년임원회의(Junior Board of Director)를 조직했고, 이들로 하여금 회사의 미래에 대해 고민하고 이슈를 제기하도록 했다.

그들은 수시로 모여 회사의 미래에 대해 이슈별로 토론하고 고민도 하며 거기에 대해 조사하면서 공부를 한다. 그 결과를 가지고 한 달에 한 번 사장, 임원과 같이 회의를 하는데, 그 과정에서 회사의 문제점도 짚어내고 쓴소리도 주저없이 한다. 그 중에는 회사 방향과 정반대의 의견도 있고, 다소 엉뚱한 의견도 있다.

그 회의의 특징은 사장은 절대 얘기를 해서는 안 된다는 것이다. 사장에게는 열심히 경청하고 기록할 수 있는 권한만 있기 때문이다. 물론 많은 순간 끼어들고 싶고, 해명하고 싶은 충동을 느끼지만 참고 견뎌야 한다.

회의가 끝나면 회의록을 만들어 전체가 함께 나눌 수 있도록 하고,

그 중 채택된 의제를 신속하게 행동으로 옮기면서 조직이 살아 움직이기 시작했다.

커뮤니케이션은 잘 듣고 공감하는 능력이 우선이다. 내가 무슨 얘기를 했느냐보다는 상대로부터 무슨 얘기를 들었느냐가 커뮤니케이션의 제1원칙이다. 아무리 좋은 아이디어와 철학이 있어도 커뮤니케이션 통로가 막혀 있으면 아무 소용이 없다.

삼성그룹 이건희 회장은 귀담아듣는 경청자세로 유명하다. 설사, 회의 중에 누군가가 핵심에서 벗어나는 말을 할지라도 그는 제재하지 않고 그것을 끝까지 들어준다고 한다. 그가 성장기부터 이미 경청법에 대해 훈련을 하고 그것을 몸에 익히기 위해 노력했기 때문에 가능한 일이다.

커뮤니케이션의 전제조건은 서로에 대한 관심과 애정이다. 애정이 있으면 설혹 말을 잘 못하고 실수를 하더라도 의사소통에 별 문제가 없다. 하지만 무관심하고 신뢰가 없다면 아무리 그럴 듯한 얘기를 해도 먹히지 않는다.

소통되면 안 아프고, 소통이 안 되면 아프다
(通卽不痛, 不通卽痛).
- 『동의보감』

사람들과의 인연을 어떻게 유지할 것인가

1. 사람을 알아보는 안목을 길러라. 성공이란 귀인을 알아보고 그런 사람과 어떻게 인연을 맺느냐에 달려 있다.

2. 주변 사람의 성공을 도와라. 혼자만의 성공이란 가능하지도 않고, 설혹 가능하다 해도 재미가 없다. 주변 사람이 성공하면 당신은 덩달아 성공하게 되어 있다.

3. 아무런 대가 없이 베풀어라. 베풂은 성공에 이르는 가장 확실한 방법이다. 팔자를 고치는 유일한 길이기도 하다.

4. 배려 깊은 사람이 되라. 본인의 입장보다는 상대의 입장에서 생각하는 습관을 가져라.

5. 사람의 마음을 얻기 위해 노력하라. 어떻게 하면 상대를 감동시킬 수 있을지 고민하라. 사람은 이론보다 감정에 의해 움직인다.

6. 유머감각을 길러라. 그러기 위해 세상을 너무 심각하게 생각하지 마라. 가끔은 한걸음 물러나 편하게 생각하라.

7. 당신이 원하는 얼굴에 대해 생각하고 그렇게 되기 위해 노력하라. 얼굴은 인생의 대차대조표다. 거기에는 당신의 모든 것이 담겨 있다.

8. 표정 밝은 사람이 되도록 노력하라. 얼굴을 바꿀 수는 없지만 얼굴의 밝기는 조절이 가능하다.

9. 상대에게 관심과 애정을 갖도록 노력하라. 당신 주장을 하기보다는 그 사람이 어떤 생각을 하고 있는지 질문하라. 상대가 진정으로 당신과 얘기하고 싶게 만들어라.

10. 말을 잘 하는 사람보다 경청을 잘 하는 사람이 되라.

5장

어떠한 역경 속에서도 긍정을 캐내라

기회는 위기와 함께 찾아온다
실패 없이는 성공도 없다
초년고생은 사서도 한다
핑계를 버리고 가능성에만 집중한다
성공하는 사람들은 도전을 두려워하지 않는다
아니라는 생각이 든다면 바꿔야 한다

성공하는 사람들 역시 평범함으로부터 출발한다. 환경이 남다른 것도 아니고 남들보다 기회가 많이 주어진 것도 아니며 좌절의 경험이 없었던 것도 아니다.

단지 이들은 DNA가 다르다. 머릿속 회로도가 보통 사람들과 확실히 다르다. 때문에 그들은 똑같은 사건과 경험도 다르게 풀어내고 해석한다. 단적으로 그들은 고생을 고생으로 받아들이지 않는다. 그것은 당연한 과정이고 나중에 좋은 약이 될 것이라고 생각한다.

설사, 좌절의 순간을 경험할지라도 무릎을 꿇지 않고 툭툭 털고 일어선다. 선조에게 모진 냉대를 당하고 만신창이가 되어 돌아온 이순신이 12척의 배를 보고, "아직 12척이나 남아 있고 내가 있지 않은가"라고 말했던 것처럼 그들은 어떠한 역경 속에서도 긍정을 캐낸다.

내가 '한국인 성공의 조건' 프로젝트를 진행할 때, 모든 리더들이 백 퍼센트 동의했던 설문이 하나 있다. 그것은 바로 '긍정적 사고가 성공에 큰 영향을 끼친다'는 항목이다.

성공하는 사람들은 위기 속에는 기회도 함께 있다는 것을 확실히 알고 있다. 그렇기 때문에 위기에 굴하지 않고 늘 새로운 것에 도전한다. 또한 아니라고 생각하면 과감히 문제를 제기한다. 덕분에 욕도 먹고 불이익을 당하기도 하지만, 가만히 있으면 세상이 바뀌지 않는다는 것을 알고 있기 때문에 도전한다.

그들은 마인드가 다르다. 성공하는 사람들은 낙관적이면서 또한 도전적이다.

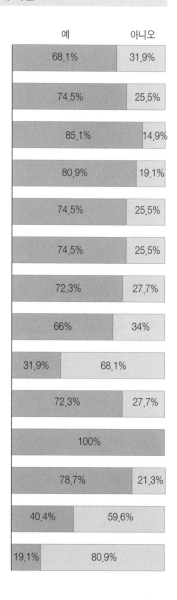

성공한 사람 100인의 마인드

	예	아니오
자신이 성공했다고 생각한다	68.1%	31.9%
심각한 좌절을 경험한 적이 있다	74.5%	25.5%
새로운 것에 도전하는 것을 즐긴다	85.1%	14.9%
미리미리 준비하는 편이다	80.9%	19.1%
장기적인 인생 계획을 갖고 있다	74.5%	25.5%
마음만 먹으면 무엇이든 될 수 있다고 믿는다	74.5%	25.5%
자신이 행운아라고 생각한다	72.3%	27.7%
인맥과 연줄은 성공에 필요한 것이다	66%	34%
지금 하는 일을 후회한 적이 있다	31.9%	68.1%
분노와 급한 성격이 성공에 지장을 준다	72.3%	27.7%
삶을 낙관적으로 바라보는 편이다	100%	
아이디어가 많은 편이다	78.7%	21.3%
외모가 성공에 중요한 영향을 준다	40.4%	59.6%
자기 홍보를 열심히 하는 편이다	19.1%	80.9%

기회는 위기와 함께 찾아온다

옛날에 한 왕이 화가를 불러 기회를 그림으로 그리라고 지시했다. 그러자 그 화가는 벌거벗은 사람의 앞모습만 그려놓고 다른 곳은 모두 시커멓게 칠해버렸다. 그림을 한참 들여다보던 왕이 무릎을 쳤다.

"옳거니! 기회는 앞으로만 오고 일단 지나가면 그걸로 끝이라는 의미로구나."

누구에게나 기회는 온다. 그런데도 그것을 잡지 못하는 이유는 그것이 기회인지 아닌지 알아보지 못하기 때문이다. 기회는 '내가 기회다'라고 알리면서 다가오지 않는다. 때로는 재앙이라는 이름으로 변장을 하고 온다. 가능한 한 피하고 싶은 실직, 이혼, 질병, 불화 등이 기회가 될 수도 있다.

모든 사건에는 두 가지 측면이 있다. '위기'라는 말은 위험과 기회

의 합성어다. 성공하는 사람들은 위기 속에 들어 있는 기회를 캐낼 줄
안다.

타고나지 못했다면 더 지독하게 배워라_성상용

펜대나 굴리던 사람에게 현장으로 내려가라는 말은 청천벽력으로 들
린다. 특히 자신이 전혀 관심도 없고 알지도 못하는 분야로 가야 한다
면 그 위기상황을 고스란히 받아들여야 할지 아니면 포기해야 할지 고
민할 수밖에 없다.

렉스필드CC의 성상용 사장은 어느 날 갑자기 날벼락을 맞듯 현장으
로 발령이 났다.

"골프의 'ㄱ' 자도 모르는데 골프장으로 출근을 하라니!"

분명 기쁜 소식은 아니었다. 고민에 휩싸여 갈등을 하던 그는 새로
운 도전을 받아들이기로 결정했다. 세월이 흐른 지금, 그는 골프계에
서 만물박사로 통한다.

"골프장을 운영하려면 만물박사가 되지 않으면 안 됩니다. 외부적
으로는 서비스, 레저, 인간관계에 능해야 하고 내부적으로는 임업, 농
업, 조경업, 환경업, 원예업 등에 도가 터야 합니다. 또 부동산업에도
밝아야 하지요. 그래야 이익을 낼 수 있거든요. 저는 골프에 대해서는
그야말로 바닥부터 훑어 올라왔습니다. 아무것도 모르는 상태에서 출
발했지요. 방법은 하나밖에 없었습니다. 모른다는 것을 인정하고 죽

어라고 배우는 수밖에요."

느닷없이 골프장으로 발령이 났을 때, 주변의 숙덕거림은 물론 무엇보다 자기 자신이 그것을 이해할 수 없었던 터라 많이 괴로웠을 것이다. 하지만 지금 생각하면 그 사건은 그에게 행운을 가져다준 최고의 기회였다.

위기를 통해 기회를 잡아라 _ 남승우

몇 번의 사법고시 실패로 어깨를 축 늘어뜨리고 멍하니 하늘만 바라보고 있는 남승우 사장에게 스님 한 분이 다가왔다.

"젊은 사람이 어찌 그리 맥을 놓고 있는 건가?"

남승우는 스님의 푸근한 인상에 그동안 자신이 겪어온 이런저런 고통과 아픔, 실패를 들려주었다. 스님은 빙그레 웃더니 몇 마디 말씀을 들려주고는 이렇게 말하고 돌아섰다.

"젊은이, 한 번 더 시험에 떨어지면 나를 찾아오게나."

그가 바로 살아 있는 부처라 불렸던 성철 스님이다. 그 분의 몇 마디 말씀에 인생을 새롭게 돌아본 남승우는 결국 사법시험을 포기하고 현대건설에 취업을 했다.

그 무렵, 압구정동에서 유기농야채가게 '풀무원'을 운영하던 그의 친구 원혜영(전 부천시장)은 운영자금이 부족하자 남승우에게 여러 번 도움을 요청했고 결국 그는 조금씩 야채가게 일에 관여하게 되었다.

그러다가 회사를 그만두고 본격적으로 유기농야채 비즈니스에 뛰어들었는데, 그것이 풀무원의 시초다.

시간을 다투는 두부와 콩나물 비즈니스, 쉽게 상하고 유통구조가 복잡한 그 일은 육체적, 정신적으로 상당히 힘든 일이었다. 더욱이 1970년대 말에 누가 유기농 같은 것에 관심이나 가졌던가! 친구 덕에 얼떨결에 뛰어든 비즈니스를 하면서 그가 얼마나 갈등을 겪고 고생을 했을지 상상이 간다. 그러나 그것은 엄청난 기회였다.

오늘날 풀무원은 식료품업계에서 높은 신뢰도를 바탕으로 탄탄하게 성장하고 있고, 대기업들까지 식품사업에 군침을 흘릴 정도로 시장을 넓혀놓았다. 2004년 10월 KBS에서 녹즙에 농약을 친 유기농원료를 사용했다는 보도가 나가면서 한때 위기를 맞기도 했지만, 풀무원은 단호한 자세로 맞서 오히려 KBS의 사과를 받아냈고 그로 인해 신뢰도가 한층 더 높아졌다.

우리에게 너무도 흔한 사과 한 알이 인류의 역사를 바꿔놓았다는 걸 알고 있는가! 기회는 늘 같은 모습을 하고 오지만 누구와 만나는가에 따라 전혀 다른 결과를 낳게 된다.

아담이 만난 사과는 생로병사를 겪는 원인이 되기도 하지만, 그로 인해 인간은 자립을 배운다.

그리스로마신화에 나오는 파리스의 사과는 아름다운 여인 헬레네를 차지하겠다는 욕심 때문에 트로이제국을 멸망의 길로 이끈다.

빌헬름 텔의 사과는 아들의 머리 위에 있는 사과를 맞춰야 하는 위험을 겪게 하지만, 그것으로 스위스독립운동에 불을 지피게 된다.

벤치에 앉아 있던 뉴턴 앞에 떨어진 사과는 그저 무심히 보아 넘길 수도 있는 상황이었지만, 근대과학을 발전시키는 데 커다란 도움을 준 만유인력의 단초가 된다.

기회의 모습은 천차만별이다. 이것은 곧 어떤 상황에서도 마음만 먹는다면 기회를 잡을 수 있다는 것을 의미한다. 마음만 바꾸면 물이 반밖에 차 있지 않은 물 컵도, 물이 반이나 차 있는 물 컵으로 보이게 된다. 긍정적 자세를 지닌 사람에게 기회는 지천으로 널려 있다.

기회를 움켜쥐든 놓치든 그것은 당신에게 달려 있다.

모든 역경의 한가운데에는 기회의 섬이 있다.

'- 미국 격언

실패 없이는 성공도 없다

단 한 번의 실수도 실패도 없이 성공하는 사람은 없다. 한 번도 넘어지지 않고 자전거 타기를 익히는 사람은 없다. 성공하지 못한 것은 실패가 아니다. 단지 넘어졌을 때, 좌절하고 다시 일어서지 못하는 것이 실패다.

물론 성공의 길에는 예상치 못한 수많은 지뢰가 숨어 있다. 불황, 동업자나 직원의 배반, 자금난, 경쟁자의 등장, 뜻하지 않은 인사발령 혹은 명예퇴직, 입원, 이혼 등의 복병이 도사리고 있는 것이다.

이때, 두 가지 중 하나를 선택할 수 있다. 하나는 가장 쉬운 선택으로 그냥 포기하는 자세다. '그러면 그렇지, 나 같은 놈이 무슨 사업이야. 올 것이 왔을 뿐이야' 라며 물러나는 것이다. 또 다른 하나는 참고 인내하는 자세다. '그래, 넘어질 수도 있지. 처음부터 그렇게 쉽게 될 거라고는 생각하지 않았어. 그러니 이렇게 쉽게 포기할 수 없어. 이번 기회에 내가 얼마나 독하고 끈질긴 사람인지 보여줄거야' 라고 결심하는 것이다.

많은 사람들은 실패가 두려워 아예 시작도 하지 않는다. 그러나 진정한 실패란 그런 시도조차 하지 않는 것이다. 성공은 실패를 먹고 자란다는 말이 있듯, 넘어지지 않고는 성공의 단맛을 느낄 수 없다. 설사 넘어질지라도 떨치고 일어나는 것이 진정한 성공이다.

세상의 수많은 성공한 사람들 역시 실패를 경험했다. 단지 그들은 실패를 실패로 인정하지 않고 인내로 극복해냈을 뿐이다.

방법을 찾고 또 찾아라. 그러면 보인다_정인태

외환위기 시절, 전국이 돈 가뭄으로 목이 타들어가는 바람에 멀쩡하던 수많은 사람들이 갈증을 이기지 못하고 쓰러져갔다. 6 · 25 이후, 가장 큰 국가적 재난이었다고 표현될 정도로 엄청난 시련이었다.

아웃백스테이크의 정인태 사장 역시 그 가뭄을 비껴가지는 못했다. 아웃백스테이크의 제안을 받고 있는 돈 없는 돈 털어서 간신히 합작회사를 차린 다음, 식당 두 개를 열었는데 외환위기가 닥쳐왔던 것이다.

식자재의 원가상승, 높아진 금융비용, 신규자금 조달의 어려움, 고객감소, 매일 닥쳐오는 어음만기 등 그야말로 절체절명의 시간이 계속됐다. 너무 힘들어 화장실에서 수돗물을 틀어놓고 펑펑 울기도 했다.

하느님은 쉽게 성공을 주지 않는다.
고난으로 시험을 하고 여기를 무사히 통과한 사람에게만
성공의 단 열매를 준다.
바닥이라는 생각이 들면 거기서 한 걸음 더 나아가 생각하라.
그러면 이제는 치고 올라가는 길만 남았음을 알게 될 것이다.

더 이상 추락할 곳도 없을 만큼 밑바닥으로 내팽개쳐진 느낌이었다.

곰곰이 생각해보니 너무 억울했다. 정말로 최선을 다했는데, 이대로 무너진다는 것은 말도 안 된다는 생각이 들었다. 그는 만사를 제쳐놓고 마지막 배팅을 하기 위해 미국으로 날아갔다.

"나를 믿어주십시오. 그동안 나를 죽 지켜보지 않았습니까! 아무리 힘들어도 반드시 살아남아 성공할 겁니다."

정 사장의 의지가 하늘을 찌르고 있음을 감지한 아웃백스테이크 본사는 기적처럼 1천8백만 달러라는 거액을 투자하기로 결정했다. 미팅은 30분 만에 끝났고 돈은 다음 날 송금되었다. 그리고 그의 다짐대로 아웃백스테이크는 지금 패밀리레스토랑 1위 업체로 등극하였다.

위기의 순간에 좌절하지 않고 인내하면서 끝까지 탈출구를 찾으려 애썼던 것이 주효했던 것이다.

위기는 선물을 주고 떠난다_손용석

삶 그 자체가 '문제해결의 연속'임을 입증하는 것처럼 위기 역시 기회와 같은 빈도로 찾아온다. 중요한 것은 아기가 앓으면서 새로운 것을 하나씩 배워나가듯 위기를 이겨내면 그것은 반드시 선물을 남기고 떠난다는 점이다.

비즈니스란 운전을 하는 것처럼 늘 전방을 예의주시하면서 좌우를 살펴야 한다. 그렇더라도 위기는 의지와 무관하게 찾아온다. 교통사고를 내고 싶어 내는 사람이 어디 있겠는가!

인컴브로더의 손용석 사장이 처음으로 겪은 위기는 '주요고객 이탈'이었다. 전체매출의 40퍼센트 이상을 차지하던 ASD컴퓨터 회사가 삼성에 합병되면서 갑자기 일거리가 줄어들었던 것이다. 그는 그것을 기회로 삼아 고객다변화 전략을 펼쳤고 위기를 기회로 전환할 수 있었다.

1997년에 또다시 큰 위기가 찾아왔다. 썬마이크로시스템즈와 대형 프로젝트를 수행했는데 좋지 않은 피드백을 받은 것이다. 무엇보다 전문성 부족 때문에 벌어진 일이었다. 그때까지 '회사는 좋은 사람들로만 구성되면 무엇이든 할 수 있다'는 생각을 가지고 있던 그는 프로세계의 높은 벽을 실감하게 되었다.

"처음으로 인간적인 면모만으로는 안 된다는 것을 알았습니다. 전문성이 꼭 필요했죠. 인간성은 기본이고 여기에 전문성까지 갖춰야 지속적으로 성장할 수 있습니다."

그 과정에서 창업 동지들이 모두 떨어져나가는 아픔도 겪었지만, 그는 새로운 도전을 기꺼이 받아들였다.

이병철 회장의 경영철학이 정리된 『호암어록』에는 성공과 관련하여 씹을수록 맛이 나는 얘기가 담겨 있다.

"성공에는 세 가지 요체가 있는데 운(運), 둔(鈍), 근(根)이 그것이다. 사람은 능력 하나만으로 성공하는 것이 아니다. 운을 잘 타야 하는 법이다. 때를 잘 만나야 하고 사람을 잘 만나야 한다. 그러나 운을 잘 타려면 역시 운이 다가오기를 기다리는 일종의 둔한 맛이 있어야 한다. 그리고 운이 트일 때까지 버텨내는 끈기와 근성이 있어야 한다."

뿌린 대로 거두지만 혹시 운이 좋지 않아 그만큼 거둘 수 없을지도 모른다. 그러나 인내하고 버텨내면 언젠가는 기회가 다시 찾아온다. 열심히 노력했는데 결과가 시원치 않아 실망스럽더라도 원망하지 마라. 거의 다 왔을지도 모른다. 중요한 것은 포기하지 않는 것이다. 인생의 가장 큰 영광은 한 번도 넘어지지 않는 데 있는 것이 아니라, 넘어질 때마다 다시 일어서는 데 있다.

실패했다고 인생이 끝나는 게 아니다.
포기해야 끝나는 것이다.

– 리차드 닉슨

초년고생은 사서도 한다

"애벌레가 나비가 되기 위해 고치구멍을 뚫고 나오는 광경을 오랫동안 관찰했다. 나비는 작은 고치구멍을 뚫고 나오기 위해 몸부림을 치고 있었다. 나는 긴 시간 애를 쓰고 있는 나비가 안쓰러워 가위를 가져와 고치구멍을 조금 뚫어 주었다. 이제 나비가 화려한 날개를 펼치면서 창공을 날아다니겠지 하고 기대하고 있었는데 나비는 날개를 질질 끌며 바닥을 왔다갔다하다가 죽어버렸다. 나비는 땅을 박차고 하늘을 향해 날아오를 만한 힘을 갖지 못했던 것이다. 나비는 작은 고치구멍을 빠져나오려 애쓰는 가운데 날개의 힘을 키우게 되어 있는데, 내 값싼 동정이 그 기회를 없애버린 것이다."

곤충학자 찰스 코우만은 자신의 실수를 이렇게 고백하고 있다. 이 일화는 나비가 비상하려면 고치에서 고통스럽게 빠져나오는 과정을 거쳐야만 한다는 것을 알려준다. 인간 역시 하나하나의 고통과 어려움을 이겨내는 과정을 통해 성장한다.

문화혁명 시절, 주자파로 몰린 등소평은 난창의 트랙터 공장에서 3년 가까이 일반노무자로 근무해야만 했다. 그러나 그 힘든 경험은 훗날 사람을 이해하고 세상을 새롭게 바라보는 데 커다란 도움이 되었다.

모든 경험은 유효하다. 고난은 더욱 그렇다. 중요한 것은 그 경험으로부터 무엇을 배우고 어떤 의미를 부여할 것인가이다.

초년고생은 사람을 강하게 만든다_ 정문식

5평짜리 창고에서 출발해 연매출 2천억 원이 넘는 회사를 만든 이레전자의 정문식 사장은 초년고생에서는 단연 챔피언감이다. 아버지가 일찍 돌아가시는 바람에 어머니가 파출부 일로 버는 돈으로 동생과 학교에 다녀야했으니 고생이 오죽 심했으랴. 생계유지 자체가 힘든 상황이었기 때문에 수제비를 끓여도 양을 늘리기 위해 불어터질 때까지 기다렸다가 먹는 일도 많았다.

늘 고생하시는 어머니를 위해 돈을 벌어야겠다고 생각한 그는 중학교 시절부터 사업을 생각했다. 그런 궁리를 하던 차에 두발문제로 고민하던 친구들 덕분에 '이발사업'을 떠올렸다. 당시 훈육주임 선생은 두발검사 후 불량한 학생들의 머리를 밀어 고속도로를 만들어놓았다.

수업이라도 끝나야 이발소를 찾아가 어떻게 정리라도 할 수 있었던 학생들 입장에서는 난처하기 그지없는 노릇이었다.

여기서 정문식은 시장을 읽어냈다. 그는 바리깡(이발기계)을 구입하여 쉬는 시간에 학생들 머리를 깎아주었다. 처음에는 시험삼아 공짜로 해주었지만, 점점 자신감이 생기면서 일반이발소의 반값인 오십 원에 머리를 깎아주었다.

이 벤처 이발소는 값이 저렴하다는 이유로 일반학생들까지 고객이 되었다. 정문식의 이발소가 번창한 것은 이발을 한다고 집에서 백 원을 타다가 오십 원에 이발한 다음 나머지를 용돈으로 사용하는 맛에 재미를 들인 학생들 때문이었다.

"그 사업으로 당시 선생님 월급보다 많은 돈을 벌 수 있었죠. 무엇보다 사업이란 게 무엇인지, 돈은 어떻게 버는 것인지를 배울 수 있었습니다."

초년고생은 그것을 어떻게 받아들이느냐에 따라 사람을 강하게 만들기도 한다. 궁하면 통한다고 어렵고 힘든 상황을 어떻게든 이겨내보겠다고 애쓰다 보면 성숙해지는 것은 당연하다. 반면, 초년성공은 사람을 나태하고 게으르게 한다. 별다른 고생 없이 사업을 이어받은 2세들의 실패나 초년에 인기스타로 급부상했다가 추락하는 스타들이 그것을 말해준다. 그렇기 때문에 생각 있는 사람은 일부러 자식을 고생시킨다.

직원의 생각과 아픔을 공유해야 진짜 경영자다_박영주

경험만큼 좋은 교육은 없다. 인간은 원래 자만하기 쉽고 자기합리화에 능하기 때문에 직접 경험해보지 않고는 입장을 바꿔 생각한다거나 보다 나은 방법을 찾기 위해 노력하지 않는다.

일찍이 초년고생의 진한 맛을 보았고 그 중요성을 깨달은 이건산업의 박영주 회장은 누구보다 직원들의 입장을 잘 읽어내는 것으로 유명하다. 아마도 그 이유는 자신이 그 시절을 직접 겪어보았기 때문일 것이다.

"1965년, 생산현장의 환경은 그야말로 형편없었습니다. 스스로 선택한 일이었지만 현장근무는 정말로 힘들었죠. 근로자들과 함께 주야간 근무를 하고 직원들 집도 방문하면서 그들의 고충을 이해하게 되었습니다."

그 경험이 자신의 인생에서 얼마나 중요한 위치를 차지하고 있는지 잘 알기에, 아들에게도 11개월 동안 생산직원 기숙사에서 근로자들과 함께 지내도록 했다. 직원들의 생각과 아픔을 함께 느끼지 못하면 진정한 경영자가 될 수 없다는 판단에서였다.

고난은 성공하기 위해 반드시 치러야 할 통과의례다. 고난은 사람을 겸손하게 한다. 고난은 사람을 지혜롭게 만든다. 고난은 사람을 강하게 만든다. 고난만큼 신사적인 적(敵)은 없다. 고난이 지고 물러갈 때는, 돈보다 귀한 지혜라는 선물을 남겨주고 가기 때문이다.

그러므로 고난을 피하려 하기보다는 그 안에 숨어 있는 메시지를 읽고 고난을 통해 무언가를 배우려는 의지가 중요하다.

신은 당신에게 선물을 줄 때마다.
그 선물을 문제라는 포장지로 싸서 보낸다.
선물이 클수록 문제도 더욱 커지게 마련이다.
당신에게 평화, 즐거움, 행복을 안겨주려면
그 이상의 대가를 요구하는 것이 당연하지 않겠는가.
이제 당신은 달라져야 한다. 어떤 어려움이 닥치더라도
그 어려움 속에 감추어진 선물을 볼 수 있어야 한다.
선물 없는 고난은 없다.

– 브라이언 트레이시

핑계를 버리고 가능성에만 집중한다

삶에서 가장 중요한 자세를 하나만 고르라면 나는 주저없이 긍정적인 태도를 고를 것이다.

사물의 어떤 면을 보느냐에 따라 삶의 질은 크게 달라진다. 천당에 있으면서 지옥을 사는 사람이 있고, 지옥에 있지만 천당을 사는 사람도 있다. 재능은 있지만 부정적인 사람과 재능은 덜 하지만 늘 낙관적으로 생각하는 사람이 있다면, 당신은 어떤 사람과 함께 일하고 싶은가? 모든 것에 냉소적인데 성공한 사람을 본 적이 있는가?

조지 오웰은 지구상의 모든 나라가 사회주의로 변하고 지구에 종말이 온다고 예언했다. 그는 『1984년』이라는 소설로 세계의 이목을 집중시킨 천재 소설가로, 핵무기와 대륙간탄도미사일을 예언할 정도로 미래를 보는 안목이 탁월했다. 그러나 오웰의 상상력은 부정적인 비관론과 무신론에 근거했다. 그는 지구가 3차 세계대전으로 망할 것이라는 공포감에 휩싸여 있었고, 그런 이유로 전쟁 가능성이 낮은 스코틀랜드의 작은 섬에서 살았다. 그 섬에서 불안과 고독에 떨며 집필한 책이 바로 『1984년』이다.

물론 지구는 망하지 않았지만, 그의 정신과 육체는 비관론과 우울증으로 피폐해졌으며 결국 47세에 폐결핵으로 요절했다. 부정적인 생각이 어떤 결과를 가져오는지 극명하게 보여주는 사례다.

낙천주의라는 비타민을 먹어라_송승환

부모님의 반복된 사업실패, 소년가장으로서의 부담감, 어렵게 들어간 대학 자퇴, 뉴욕에서의 새로운 출발…. 이 정도라면 그야말로 산전수전 다 겪은 셈이다. 그래도 난타를 만든 송승환 대표는 증세가 심한 낙천주의자라 그런지 태연하다.

"과정을 꼼꼼히 따지고 치열하게 최선을 다하지만, 벌어진 결과는 의연하고 낙천적으로 받아들이는 편입니다."

남들이 보기에 어렵고 힘든 과정을 거쳤음에도 그는 힘들었던 기억이 별로 생각나지 않는다고 말한다.

"어려움 속에서도 하고 싶은 일을 하며 살아서 그런지 별로 힘들었던 기억이 없습니다. 어려움 없이 사는 사람이 어디 있겠습니까? 그래도 희망을 잃지 않으면 다 잘될 겁니다."

과정을 꼼꼼히 따지고 치열하게 최선을 다하지만,
벌어진 결과는 의연하고 낙천적으로 받아들이는 편이다.
안타까워하고 괴로워한다고 해서 결과가 달라지는 것은 아니기 때문이다.
어떤 상황에서도 희망을 잃지 않으면 다 잘될 것이다.

성공한 사람들은 대부분 낙천적이고 긍정적이다. 암울해 보이는 상황에서도 잘될 거라 믿고 희망의 끈을 놓지 않는다. 그렇게 줄다리기를 하다가 아마도 성공이 무릎을 꿇은 모양이다.

뜻이 있는 곳에 반드시 길이 있다_서정욱

정말로 하고 싶은 일이 있다면, 주위에서 뭐라고 하든 밀어붙여라. 길은 처음부터 그 자리에 놓여 있던 것이 아니라, 누군가 밟고 지나갔기 때문에 만들어진 것이다. 하고 싶은 일이 새로운 길이라면 더욱 뜻 깊고, 더 나아가 역사의 한 쪽을 장식하게 될지도 모를 일이다.

하늘이 무너져도 솟아날 구멍을 찾는 사람들은 큰 일을 낸다.

국방연구소 시절, 서정욱 전 정보통신부 장관은 국산무전기를 개발하고 싶었다. 그러나 워낙 선진국에 비해 기술적으로 뒤처졌다는 이유로 프로젝트 허가가 나오지 않았다. 보통 사람 같으면 의사결정권자를 비난하며 냉소적인 반응을 보였겠지만, 그는 달랐다.

"꼭 그 일을 해내고 싶었습니다. 그래서 몇몇 뜻 맞는 사람들을 모아 무전기를 개발하기로 했습니다. 물론 어려운 일이긴 하지만 주변의 자원을 활용하면 안 될 것도 없다고 생각했던 거죠. 오랫동안 아마추어 무선사로 활동한 덕분에 주변의 아는 사람들을 쉽게 연합할 수 있었습니다. 그들은 취미생활을 위해 나름대로 고급기계를 가지고 있었는데, 그것을 활용한 것입니다.

2년 동안 몇몇 사람들과 자비를 털어 일을 진행했고 마침내 무전기 개발에 성공할 수 있었습니다. 그런데 어떤 경로로 들어갔는지는 모르지만, 그것이 박정희 대통령께 보고가 되었지요."

그 개발을 통해 그는 스타가 되었고 연이어 여러 프로젝트의 책임을 맡게 되었다.

"어떻게 해서든 방법을 찾아야지요. 꼭 해보고 싶은 일이라면 자신의 모든 것을 던져서라도 도전해야 합니다. 뜻이 있는 곳에 길이 있습니다."

1퍼센트의 가능성밖에 없다 해도 붙잡고 늘어져라 _ 이명박

경부고속도로 개통과 더불어 청계천 복원사업으로 다시 한 번 추진력을 인정받은 이명박 서울시장은 적극적 사고방식의 대표주자다.

현대건설 시절, 중기사업소의 책임자로 부임하게 되었는데 당시 그 자리는 모든 사람들이 기피하던 무덤 같은 자리였다. 험난한 앞길을 걱정하며 많은 사람들이 동정과 연민을 보냈지만, 결과는 정반대로 나타났다. 이명박은 그 일에서 멋지게 성공해 스타가 되었던 것이다.

"어떤 일을 대할 때 '이건 안 된다'고 생각하는 것과 '이건 된다'고 생각하는 것 사이에는 엄청난 차이가 있습니다. 안 된다고 생각하는 사람의 머릿속에는 안 될 가능성, 그럴 수밖에 없는 이유만 가득 들어차 있지요. 된다고 생각하는 사람은 설령 1퍼센트의 가능성밖에 없다

해도 그것을 붙잡고 늘어집니다. 1퍼센트의 가능성만을 믿고 일을 하다 실패를 해도 일을 해본 사람은 경험이 남습니다. 해보지도 않은 사람에게는 아무것도 남지 않습니다."

잘될 것이라고 생각하는 사람은 불가능해 보이는 일에서도 가능성을 찾아낸다. 안 될 것이라고 생각하는 사람은 가능성이 보이는 일에서도 핑곗거리를 찾는다.

　우리는 수많은 사건과 사람을 겪으면서 살아간다. 그때마다 이를 어떻게 해석하고 대응하느냐에 따라 삶의 질이 결정된다. 긍정적인 사건에서 암울함을 읽어내는 사람이 있고, 불행해 보이는 사건에서 희망을 찾아내는 사람이 있다면 당신은 어떤 사람이 되고 싶은가? 또 어떤 사람과 만나고 싶은가? 이순신이 위대한 이유는 모든 사람이 끝났다고 생각하는 시점에서도 희망을 잃지 않았기 때문이다.

아직 12척의 배가 남아 있고,
제가 있지 않습니까(尙有十二, 微臣不死).

– 이순신

성공하는 사람들은
도전을 두려워하지 않는다

"좋은 것은 위대한 것의 적이다."

『좋은 기업을 넘어 위대한 기업으로 *Good to great*』의 저자 짐 콜린스의 이 말처럼 좋다고 그 자리에 안주하면 더 이상의 발전은 없다. 제자리걸음을 하면서 어떻게 앞으로 나아갈 수 있단 말인가.

성공하는 사람들은 도전을 두려워하지 않는다. 설사 그 자리에 안주해도 좋을 만큼 성공했을지라도, 결코 안주하지 않고 끊임없이 변화하고 도전한다.

인류의 역사는 도전과 응전의 역사다. 성공은 과감히 몸을 던지는 사람의 편이다. 그리고 그렇게 몸을 던지는 사람이 역사책 속으로 들어가는 법이다.

사람들은 별 일 없기를 바라면서 한평생을 살아간다. 그래서 인사도 "별 일 없으시죠?"라고 한다. 하지만 별 일 없는 삶은 있을 수 없다. 혹시 가능할 수도 있겠지만 그런 삶에 무슨 의미와 재미가 있고, 배울 것이 있겠는가?

인생에서 가장 큰 위험은 아무것도 감수하지 않는 일이다. 위험을 무릅쓰지 않으면 아무것도 배울 수 없고, 아무 일도 할 수 없고, 아무것도 가질 수 없다. 인간승리의 표본으로 알려진 헬렌 켈러는 모험 없는 삶의 무의미함을 단정적으로 표현하고 있다.

"무사함이란 미신이다. 그런 것은 세상에 존재하지 않는다. 인생이란 모험을 무릅쓰지 않으면 아무것도 아니다."

자신이 만들지 않으면 한계란 없다_서병문

안주보다는 늘 새로운 곳에 도전하길 좋아하는 한국문화콘텐츠진흥원의 서병문 원장은 키스트(KIST)의 첫 부서인 고분자연구실에서 2년 정도 연구에 몰두한 다음 경제분석실로 옮겨갔다. 새로운 분야를 알고 싶어서였다.

그곳에서 기술의 미래를 예측하며 신규사업에 눈을 뜨게 되었는데, 마침 신규사업개발을 위해 인재를 찾던 삼성이 그와 접촉을 시도했다. 30대 후반의 나이에 편안하고 안정된 직장을 박차고 나와, 험난한 비즈니스세계로 뛰어든다는 것은 쉬운 결정이 아니었다. 하지만 그는 도전했다.

삼성에서도 한 가지 일만을 한 것이 아니라, 계속 새로운 사업에 도전하다 자연스럽게 미래산업인 문화콘텐츠 관련분야의 일을 하게 되었다. 그러다 정부가 미래의 유망산업이 문화콘텐츠산업이라는 사실을 깨닫고 한국문화콘텐츠진흥원을 만들어 그를 유혹하자 다시 자리를 옮겼다. 물론 또 다른 도전이자 경제적으로는 스톡옵션 등을 포기해야 하는 어려운 결정이었다.

　　성공의 가장 큰 장애물은 자신에 대한 고정관념이다. 스스로 한계를 만들어놓고 그 선을 넘지 않으려고 애를 쓰는 것이다. '내가 어떻게 저런 일을 해', '기술도 모르는데 어떻게 IT관련 일을 할 수 있어', '이 나이에 쑥스럽게 젊은 사람들하고 어떻게 어울리나', '여자들이나 하는 일을…' 등 사람들이 스스로 만들어놓은 한계는 헤아릴 수 없이 많다. 그렇기 때문에 좋은 기회가 와도 그것이 기회인 줄 모르고 아예 도전할 생각조차 하지 않는다.

　　성공한 사람들은 대부분 이런 한계를 인정하지 않고 도전한다. 평생을 도전한다. 단지 숨만 쉬는 생물학적 삶이 아니라 진정으로 살아 움직이는 인간으로 살아가기 위해서다.

변화와 도전을 자신의 브랜드로 만들어라_유효상

평범한 샐러리맨이었던 인터벤처의 유효상 사장은 해외기술 이전 관련 일을 하다가 시장에 눈을 뜨게 되었다. 러시아가 붕괴되면서 그들이 갖고 있던 기술을 평가하고 이를 쉽게 이전하는 일을 하다가 시장과 기술, 기업에 일가견을 갖게 된 것이다. 지금도 같은 분야의 업계 사람들은 무슨 문제만 생기면 전화를 걸어 그에게 조언을 구하곤 한다.

경험으로 쌓인 노하우를 바탕으로 그는 동양그룹에서 신규사업관련 일을 맡기도 했고, 일신창업투자에서는 가망성 있는 벤처기업을 골라 투자하는 일을 하면서 완전히 전문가가 되었다. 더불어 이론적인 연구에도 몰두하여 경제학 박사학위까지 따냈다.

유효상이라는 브랜드는 변화와 도전이다. 그는 늘 새로운 분야에 도전하고 관심분야를 계속 바꿔나가기 때문이다. M&A를 하다 영화관련 사업을 하는가 싶으면, 어느 새 골프장 관련 일을 하고 매니지먼트회사를 컨설팅하기도 한다.

만일 자신을 평범한 샐러리맨으로 한계짓고 주어진 환경에 안주했다면 어땠을까? 지금처럼 다양한 분야의 전문가가 되지 못하고 또한 인정받지 못했을 것이다.

세상의 변화를 받아들이는 사람과 거기에 맞서는 사람은 차이가 날 수밖에 없다. 비록 출발선이 같더라도 얼마 지나지 않아 엄청난 간격이 벌어지게 된다.

미끄러운 눈길을 걸을 때는 넘어지지 않으려고 애를 쓰는 것보다 그것과 보조를 맞춰 미끄럼을 타는 것이 훨씬 안전하다. 빠르게 변화하는 세상에서 가장 안전하게 사는 길은 그냥 제자리에 머무는 것이 아니라, 추세에 맞춰 자신을 변화시켜 나가는 것이다. 그래야만 숨겨진 잠재력을 발견하고 날로 새롭게 성장할 수 있다.

사람들은 **도전에** 직면해야
자신이 갖고 있는 **잠재력을 발견할** 수 있다.
자신의 **능력을** 발휘할 필요가 있을 때까지
사람들은 절대 자신의 **잠재력을** 알지 못한다.
– 코피 아난

아니라는 생각이 든다면 바꿔야 한다

킬리만자로로 유명한 케냐는 에이즈로 완전히 망가지고 있다. 그 배경에는 남편을 잃은 여성이나 부모가 돌아가신 딸을 신성하지 못한 존재로 여겨, 미망인이 장례식에 참석하거나 재혼하기 위해서는 소위 '악령청소부' 라 불리는 마을의 남자와 성관계를 맺어야 한다는 비인간적인 관습이 자리잡고 있다. 자고나면 신기술이 등장하는 21세기에 참으로 어처구니없고 어리석은 일이 아닐 수 없다.

이런 말도 안 되는 관습이 케냐 여성의 인권을 유린하고 동시에 전 국가에 에이즈 바이러스를 전파시켜 개인은 물론 국가까지 망치는 주범 역할을 하고 있다. 그럼에도 불구하고 아무도 나서서 문제를 제기하지 않고 있다.

"남들도 다 그렇게 사는데 왜 너만 그러느냐. 세상이란 원래 그런 거다. 나 하나만 잘 살면 되는 것 아닌가."

이런 말은 정말 조심해야 한다. 옳지 않지만 남들도 다 그렇게 사니까 나도 그렇게 살아야 한다는 발상은 위험한 타협이다. 그런 사고방식으로는 개인뿐 아니라 세상도 발전하지 못한다.

발전은 옳지 않은 관습과 관행을 파괴하는 것으로부터 출발한다. 마음속으로는 아니라고 생각하면서도 귀찮아서 그것을 표현하지 않으면 세상은 나아지지 않는다. 아니라고 생각하면 분명히 손을 들고 문제를 제기해야 한다. 그리고 바꿔야 한다. 그래야 개인도 사회도 국가도 진화할 수 있다.

문제제기를 하지 않으면 개선은 없다_ 김효준

지금은 많이 개선되었지만, 한 기업의 오너들은 권위의식으로 똘똘 뭉쳐 모든 사람의 시선을 한 몸에 받고 싶어하는 경향이 있다. 어려운 집안환경 때문에 상고를 나와 곧바로 취직을 해야 했던 BMW의 김효준 사장은 그러한 권위의식 때문에 사회에서 좌절을 겪었다.

취직을 한 지 얼마 되지 않았을 때, 갑자기 사장이 사무실에 들어오자 40명 가까운 직원들이 하던 일을 멈추고 모두 일어섰다. 그런데 마침 그때 고객과 통화 중이었던 직원은 서지도 앉지도 못한 채 어정쩡한 자세로 전화를 받고 있었다. 참 기가막힌 일이 아닐 수 없었다.

그런 일을 몇 번 겪고 난 김효준은 총무부장을 찾아갔다. 그는 아니라고 생각하면 문제를 지적하고 해결해야만 사회가 발전한다는 생각을 갖고 있었던 것이다.

"사장님이 올 때마다 모든 직원이 하던 일을 멈추고 일어서야 하는 것은 낭비라고 생각합니다. 뭔가 개선이 이루어졌으면 좋겠습니다."

하지만 머리에 피도 안 마른 것이 건방지게 따진다며 엄청 욕만 먹었다. 그래도 그 얘기가 사장 귀에 들어갔는지 얼마 후에 이런 공문이 내려왔다.

"사장님 순시 때 눈이 마주친 사람만 일어나 인사하고, 나머지 사람은 일을 계속해도 좋다."

작지만 개선이 이루어진 것이다. 또한 그는 지방출장길에 지점별로 사용하는 서류양식이 다르다는 것을 발견하고 통일된 양식을 사용할 것을 제안했다. 다른 사람들도 그 문제를 알고는 있었지만 귀찮다는 이유로 혹은 자신의 업무가 아니라는 생각에 그냥 보아 넘기던 것이었다. 그의 제안 이후 양식은 통일되었고 당연히 생산성은 올라갔다.

고정관념과 관행을 파괴하라 _ 금난새

유라시안필하모닉 오케스트라의 벤처음악가 금난새도 고정관념과 관행에 얽매이지 않는 열린 사고를 지니고 있다. 그는 기존 음악인들과 달리 자신을 경영인이라고 생각한다.

그가 주목을 받는 이유는 음악적 성공뿐 아니라, 누군가에게 의존하지 않고는 악단운영이 불가능하다는 생각을 버리고 독자 생존의 길을 열었기 때문이다. 그는 국립중앙도서관 1층을 사무실로 쓰는 대신 1주일에 한 번 연주회를 해주고, 티켓판매와 기업체와의 계약만으로 악단을 이끌어가고 있다.

"새로운 아이디어를 짜내고 고객기반과 수익원을 창출해나가지 않으면 버티지 못합니다. 45명의 직원을 먹여 살리는 것이 보통 일은 아니지요. 악단을 운영하는 것은 기업을 경영하는 것과 다를 것이 없습니다."

그는 공연수익금과 기업홍보 등을 위해 공연을 해주고 개런티로 받은 후원금으로 악단을 운영해나간다. 예를 들어, 유라시안필하모닉은 삼성전자의 가전브랜드 지펠과 파브의 홍보를 위해 매년 두 번의 공연을 해준다. 공연에선 지휘자 금난새의 악보를 종이 대신 평면스크린(PDP)으로 대체해 제품 홍보를 노리는 식의 아이디어가 동원되곤 한다. 음악과 비즈니스의 절묘한 결합을 이뤄내는 것이다.

예술을 하는 사람들은 보통 자신을 도와줄 스폰서를 찾아다닌다. 하지만 그런 사람을 찾기가 어디 쉬운가! 그러다 보니 늘 적자에 허덕이고 운영에 어려움을 겪는다. 그러나 금난새는 생각을 달리했다. 음악도 일종의 상품으로 생각하고 기브앤테이크 방식으로 전환한 것이다. 돈을 받는 대신 홍보를 해주고 청중을 즐겁게 하기 위해 설명을 곁들이고, 피드백을 받아 더욱 재미있게 공연을 하려고 애쓴다.

남이야 어찌되었든 자기만 잘 먹고 잘 살면 아무 문제가 없다고 생각하는 사람이 있다. 그들이 공부를 열심히 하는 것도, 부지런히 일하는 것도 모두 혼자만 편하고 즐겁기 위해서다. 이런 사람들로 가득 차 있다면 사회는 어디로 굴러갈 것인가!

밤-낮, 해-달, 남-녀, 선-악, 앞-뒤가 공존하는 것처럼 나와 남은 공존한다. 남이 없으면 나도 없다. 그렇기 때문에 생각을 좀더 넓힐 필요가 있다. 설사 나에게 아무런 문제가 없을지라도 그것이 타인에게 혹은 사회에 문제가 된다면 과감히 문제를 제기하여 개선해야 한다.

작은 것이라도 변화시키려 하고 사회에 뭔가 책임을 지려하는 사람이 늘어날수록 사회는 보다 살기 좋은 곳으로 바뀔 것이다.

이 세상에는 이성적인 인간과
비이성적인 인간 두 종류가 있다.
이성적인 인간은 세상에 적응한다.
비이성적인 인간은 세상을
자신에게 적응시키려고 발버둥친다.
따라서 모든 혁신은
비이성적인 인간에 의해 일어난다.

– 조지 버나드 쇼

성공하기 위해 어떤 마인드가 필요한가

1. 위기 속에서 기회를 발견하라. 기회는 늘 사건이나 불행의 얼굴을 하고 온다.

2. 실패해도 떨치고 일어나라. 그것이 진정한 승리다.

3. 쉽게 포기하지 마라. 끈질기게 붙잡고 놓지 마라. 성공이 거의 문 앞에 와 있을 수 있다.

4. 초년성공을 조심하라. 쉽게 얻은 성공은 쉽게 무너질 수 있기 때문이다.

5. 고난을 즐겨라. 고난은 성공하기 위해 반드시 치러야 할 통과의례다. 고난은 사람을 겸손하게 하고 지혜롭게 하며 강하게 만든다.

6. 늘 긍정적으로 생각하라. 긍정은 성공의 가장 중요한 요소다. 늘 부정적인 사람이 성공하기는 어렵다. 긍정적인 사람은 문제 속에서 기회를 발견하고, 안 될 거라고 믿는 사람은 기회 속에서 핑계를 발견한다.

7. 낙관주의자가 되라. 똑같은 사건을 겪어도 어떤 사람은 그럴 수도 있다며 대수롭지 않게 생각하지만, 어떤 사람은 크게 상심하고 좌절한다. 살다 보면 언제 무슨 일이 벌어질지 모른다. 어떤 경우에든 낙관적으로 생각하는 사람이 성공한다.

8. 과감하게 도전하라. 우리는 문제 없는 인생을 바라지만 그것은 가능하지 않다. 아무런 위험도 무릅쓰지 않는 것이 가장 큰 위험이다.

9. 고정관념을 버리고 자신의 잠재력을 찾아 극대화하라. 우리가 얼마나 많은 잠재력을 갖고 있는지는 도전하기 전에는 아무도 모른다. 자신을 일정한 한계 속에 집어넣는 것은 죄악이다.

10. 잘못된 관행과 생각에 도전하라. 남들도 다 그렇게 사는데 뭐 하러 나서느냐고 생각하며 문제제기를 하지 않는다면 세상은 나아지지 않는다.

6장

자기 분야에서 고수가 되라

문리(文理)가 트여야 성공한다
배움에는 부끄러움이 없다
성공하는 사람은 궁리를 많이 한다
리더(Leader)는 리더(Reader)다
젊음을 제대로 불태워야 인생이 바로 선다
성공하는 사람들은 문제해결에 강하다
중요한 일 몇 가지를 동시에 하라
현실감각을 잃지 마라
성공하는 사람은 부드럽지만 강하다

'**어**, 문이 안 열리네.'

남양유업 박건호 대표는 기획담당상무 시절에 일본 우유업체를 방문했다가 문이 열리지 않는 바람에 무척 당황했다. 안내자는 빙그레 웃으며 알코올을 가져다주었다.

"손을 알코올로 소독하지 않으면 문이 열리지 않습니다."

여기서 그냥 '대단하구나' 하는 생각으로 그쳤다면 그는 고수가 아니었을 거다. 오기가 생긴 그는 천안에 신공장을 지으면서 일본에서 본 공장보다 더 좋은 시설을 갖추겠다는 결심을 했다. 공장을 준공한 후 일본인들을 초청한 그는 그들로부터 "완전히 졌다"는 말을 들었다. 제조과정은 물론 기계화가 어렵다는 물류부문의 완전자동화로 일본인들의 기를 완전히 눌러버렸던 것이다.

성공하는 사람은 자기 분야의 최고가 되기 위해 부단히 노력한다. 또한 자기 분야를 혁신하기 위해 끊임없이 아이디어를 내고 계속해서 일하는 방법을 연구한다. 같은 일을 오래한다고 해서 전문가가 되는 것은 아니다. 새로운 방법을 연구하여 접목하는 사람이 진정한 전문가다.

그들의 문제해결능력은 탁월하다. 그렇다고 그것을 타고난 것은 아니다. 책을 읽고 새로운 배움을 향해 계속 노력했기 때문에 그러한 능력이 생긴 것이다. 그들은 문제를 당연한 것으로 받아들이고 그것의 해결을 낙으로 삼는다.

문리(文理)가 트여야 성공한다

성공한 사람은 자신이 하는 일에 대해 문리(文理: 사물의 이치를 깨달아 아는 힘)가 트인 사람이다. 성공한 사람은 자신이 맡은 분야에 대해서는 일정 경지에 오른 사람이다. 자신이 하는 일에 대해 잘 모르고 대충했는데 성공한 사람을 본 적이 없다. 어떤 분야에서든 일을 잘 하면 돈과 명예는 저절로 따라온다.

전문성 확보에 관한 한 모든 책임은 스스로 져야 한다. 어디에서 무슨 일을 어떤 방식으로 할지도 스스로 감당해야 한다. 이런 책임을 인정하고, 전문가로 성장해나가는 것이야말로 성공의 첫걸음이다. 알아야 면장을 한다고 집안일을 잘 아는 사람이 파출부도 잘 쓸 수 있다.

전문성은 낭중지추(囊中之錐: 호주머니 속의 송곳)와 같다. 호주머니 속의 송곳은 아무리 숨기려 해도 뾰족하기 때문에 티가 난다. 고객은 그

사람이 전문가인지 아닌지 대번에 알아차린다. 아무리 어수룩한 고객
도 두 번은 속지 않는다.

그러므로 시장여건이나 불황을 탓하기 전에 나 자신이 준비되어 있
는 사람인지, 내가 팔 물건이 정말 살 만한 물건인지를 자문해보아야
한다. 그리고 전문가가 되기 위해 애써야 한다. 그렇게 하는 것이 성
공으로 가는 지름길이다.

한 가지만이라도 똑 부러지게 하라_선주성

무엇이든 한 가지라도 똑 부러지게 잘 하는 것이 있으면 먹고사는 데
지장이 없다. 그것에 더욱 집중하여 개발하면 그 분야에서 빛을 발할
수 있기 때문이다.

조선일보 기자이던 선주성은 마라톤을 무척 좋아했다. 일반인들이
마라톤대회에 참가하지 않던 시절에 춘천마라톤대회에 도전할 정도
였으니, 아마추어 수준은 벗어났다고 해야 할 것이다. 그는 마라톤이
지닌 무한한 가능성에 매료되었지만, 잠재력에 비해 모든 것이 엉성하
다는 것을 깨달았다. 옷, 신발, 액세서리 등 모든 것이 따로 놀고 있었
던 것이다.

이를 통합해 운영하면 비즈니스가 될 것으로 판단했던 그는 마라톤
관련 옷과 액세서리를 제조 판매하는 러너스클럽을 운영하게 되었다.
그는 지금도 마라톤을 좋아해 1주일에 한 번은 무조건 마라톤을 하고

거의 매일 달리기로 출퇴근을 한다. 그러다 보니 마라톤에 관한 한 도사가 되었다.

그는 어떤 옷이 좋은지, 신발은 어때야 하는지, 뛸 때의 심리상태가 어떤지 훤하다. 걸어가는 사람의 모습만 봐도 그가 어떤 상태인지 신발이 문제인지, 아니면 발에 문제가 있는 것인지 바로 견적이 나온다. 그는 마라톤 신발을 팔 때 무조건 파는 것이 아니라, 발을 먼저 진단한 후 거기에 맞춰 처방을 하는 식으로 판매한다.

그는 자신이 좋아하는 마라톤을 사업으로 연계시켜 1인자가 되었고, 마라톤 관련 전문성을 시장에 팔고 있는 것이다.

자기 분야에서만큼은 최고가 되라_ 민복기

우리 사회는 유행에 민감하다. 뭐가 된다 싶으면 우후죽순처럼 비슷한 비즈니스로 차고 넘친다. 하지만 그렇게 뒷북을 쳐서 성공하기란 매우 어렵다. 성공이란 적어도 이 분야에서만큼은 내가 최고라는 자부심과 자신감이 넘칠 때 가능하다.

캐주얼스포츠의 합성어인 캐포츠(CAPORTS)라는 말을 만들어 새로운 시장 카테고리를 창출한 EXR의 민복기 사장은 자신만의 분야를 개척해 성공했다. 다른 업체들이 불황의 직격탄을 맞아 매출이 반으로 줄고, 시장에서 사라지고 있는 이때 그는 초고속성장을 하고 있다.

직원들조차 이렇게 빨리 성장할 줄은 예상치 못했다고 말하지만, 사실 그는 준비된 사람이었다. 그는 첫 직장인 나이키에서 5년간 근무하며 신발산업에 대해 많은 것을 익혔다. 제조와 유통은 물론 재고의 중요성과 성공의 열쇠까지 꼼꼼히 노하우를 쌓았던 것이다. 이후, 윤윤수 사장과 함께 필라코리아를 만들어 일하면서 브랜드사업에 눈을 떴다. 이러한 경험을 통해 그는 이미 관련업계에 대해 꿰뚫고 있었다. 전문성 없이 어떻게 성공이 가능하겠는가.

시장에서 가장 한심한 사람은 불황을 탓하고 누구 때문에 일을 못하겠다고 한탄하는 사람이다. 정신만 살아 있다면 남들이 문제라고 떠드는 것도 얼마든지 극복해낼 수 있다. 아무리 불황이 닥쳐도 잘 나가는 사람은 잘 나간다. 그들은 절대 핑계를 대지 않고 주어진 상황에서 묵묵히 최선을 다하기 때문이다. 고수와 하수의 차이는 어려운 시절에 두드러지는 법이다.

만져보고 **경험해보고** 토론해봐야
비로소 **알게** 된다(格物致知).
– 「대학」

배움에는 부끄러움이 없다

히딩크 감독은 연습을 열심히 하지 않을 때는 무섭게 다그치지만 시합에서 졌을 때는 오히려 격려하고 위로했다고 한다. 연습 때의 다그침은 도움이 되지만, 끝난 후에는 별 다른 도움이 되지 않는다는 것을 알기 때문이다.

준비는 언제나 음지에서 이루어진다. 준비를 철저히 한다고 그 공로를 인정받는 것은 아니다. 오히려 철저히 준비하는 사람은 소심하다는 놀림과 핀잔을 받기 일쑤다. 어떤 사람은 준비하지 않는 것을 일부러 과시하기도 한다. 패배에 대비한 핑곗거리를 만드는 것이다.

지혜로운 사람은 최고가 되기 위해 남몰래 구슬땀을 쏟으며 준비를 한다. 그렇다고 그 노력이 세상에 알려지기를 바라는 것은 아니다. 다만 준비를 하는 것이 올바른 자세라는 것을 알기에 실천할 뿐이다.

몸값을 올리려면 평생 학습하라 _박인순

마라톤광인 한국 스파이렉스사코의 박인순 사장은 달릴 때 느끼는 절정의 순간을 일하면서 맛보자는 의미로 '절정경영'을 강조한다. 일을 통해 클라이맥스를 느끼자는 얘기다.

서초동에 있는 사무실에는 마치 작은 서점을 차려놓은 듯 책으로 빽빽하다. 책꽂이에 꽂다 못해 책상 위나 바닥에까지 깔려 있을 정도다. 그는 세계 500대 기업의 CEO에 관한 책은 거의 다 읽었다. 그리고 1987년 하버드대학교 최고경영자 과정, 1995년 IMD 최고경영자 과정 (SSE), 1996년 스탠포드대학교 성장기업CEO 과정, 2003년 미시간대학교 마케팅전략 과정 등을 이수했다. 자신의 몸값을 올리기 위해 평생 학습에 매진했던 것이다.

직장을 다니면서 점점 지식과 경험이 쌓인다고 말하는 사람이 있는 반면, 배운 것을 하루하루 소진하고 있다고 말하는 사람도 있다. 그 차이는 어디에 있을까? 어떤 회사는 지식을 충전시켜주고, 다른 회사는 지식을 빼먹는다는 얘긴가?

분명 아니다. 배움은 마음먹기에 달려 있다. 배움에서 가장 중요한 것은 마음자세다. 뭔가 필요성을 느끼는 사람은 언제 어디서든 누구에게서든 배울 수 있다. 그러나 그러한 욕구가 없는 사람은 세기의 석학 피터 드러커 선생이 가르쳐도 아무것도 배울 수 없다.

하고자 하는 의욕이 있으면 스승은 나타난다.

배움에는 졸업이 없다.
자기계발에 힘써 노력하다보면
마라톤을 할때 느끼는 절정의 순간을 맛보기도 한다.
그러나 거기가 끝은 아니다.
인생 자체가 하나의 마라톤이므로 길게 내다보고
꾸준히 자기계발에 힘써야 한다.

누구에게든 무엇이든 계속해서 배운다_이채욱

핸디캡은 누구에게나 있다. 그러한 핸디캡이 장애로 느껴질수록 더욱 머리를 치켜들고 일을 추진해야 한다. 할 수 있지만 하지 못하는 것에 화를 내라. 핸디캡 그 자체보다는 자신이 해보고 싶은 일을 하지 못함을 안타깝게 여겨야 한다.

끊임없이 연구하고 배우는 자세를 잃지 않았던 GE의 이채욱 사장은 나름대로 핸디캡이라 여겼던 문제를 멋지게 극복해냈다.

"졸업을 하고 삼성물산에 들어갔는데, 총인원이 120명이었습니다. 다들 쟁쟁하더군요. 집안도 막강하고 학벌도 화려했죠. 지방대 출신은 저를 포함해 겨우 두 사람뿐이었어요. 저는 그들로부터 배울 것이 많다는 생각을 했습니다. 배울 게 있다고 생각하면 상대를 존중하게 되죠. 그러면 상대도 저를 존중합니다. 그러한 상태에서는 서로 많은 것을 배울 수 있고 동시에 관계도 원만해지지요."

늘 부족하다고 생각한 그는 누구에게든 무엇이든 계속해서 배우겠다는 철학을 가지고 있다. 그러한 자세 덕분에 회사를 다니면서 성균관대학교 무역대학원, 외국어대학교 어학연수원, 고려대학교 국제대학원, 와튼스쿨과 서울대학교 최고경영자 과정 등의 과정을 마칠 수 있었다.

정말로 공부가 필요한 사람은 절대 공부하려 하지 않는다. 반면, 더이상 공부할 필요가 없을 것 같은 사람은 줄기차게 공부를 한다. 신기한 일이 아닐 수 없다.

성공하는 사람은 늘 자신이 부족하다고 생각하고 이를 채우기 위해 여러 가지 궁리를 한다. 부하직원의 말을 경청하고 질문하며, 모르면 책도 찾아 읽는다. 또한 주기적으로 교육과정에 등록하여 새로운 지식을 섭취하려 한다.

지속적인 성장은 자신에게 달려 있는 문제다.

나는 항상 옳다, 나는 더 이상 배울 게 없다, 누가 감히 나를 가르칠 것인가라고 생각하는 사람은 경청도 하지 않고 질문도 하지 않는다. 그러한 독불장군의 손에 쥐어지는 것은 '실패' 라는 두 글자뿐이다.

성공의 가장 큰 적은 교만이다. 성공을 지속하려면 겸손이 필수적이다. 자신이 제대로 살고 있는지, 부족한 것은 무엇인지를 물어볼 수 있어야 한다. 설사 아랫사람일지라도 물어보는 것을 부끄러워하지 말아야 한다. 오히려 물어보지 못하는 자신을 부끄럽게 생각해야 한다.

> 절로 아는 자가 으뜸이요,
> 배워서 아는 자는 다음이요,
> 애써 배우는 자는 그 다음이다.
> 그러나 애써 배우지 않는다면
> 이 사람이야말로 가장 못난 사람이다.
> 배움에는 부끄러움이 있을 수 없다.
>
> – 공자

성공하는 사람은 궁리를 많이 한다

오늘 신선했던 발상도 내일이면 과거가 되어버리는 시대다. 따라서 늘 새로운 궁리(窮理)를 해야 한다. 고정관념에 갇혀 스스로 자유로운 발상을 막고 자연스럽게 떠오르는 의문을 죽이며 연구하는 자세를 거두면 삶의 신선도가 떨어지고 만다. 삶의 기준은 변화의 속도에 맞춰 늘 변화해야 하는 것이다.

성공하는 사람은 아이디어가 풍부하고 창의적이며 혁신적이다. 어떻게 하면 위기를 돌파할 수 있을지, 뭔가 새로운 방법은 없을지 늘 궁리를 하기 때문이다. 가끔은 너무 기발해서 신기할 정도다.

1983년, 이병철 회장은 뭔가 획기적인 전환이 있지 않으면 미래가 불투명하다는 생각으로 고민에 고민을 거듭하고 있었다. 그러다가 미래를 내다보고 먹고살 궁리를 해야 한다는 쪽으로 가닥을 잡고 반도체

사업에 뛰어들겠다는 결정을 내렸다.

그 소식이 전해지자 정부에서는 대규모 투자가 잘못되면 국가경제 전체가 위기에 빠진다며 반대를 하고 나섰다. 물론 이 회장은 자신의 뜻을 굽히지 않았다.

그런데 1987년 세계적인 과잉투자로 반도체가격이 폭락하고 말았다. 그로 인해 장안에는 삼성이 반도체 때문에 망할 거라는 소문이 파다하게 퍼졌다.

그럼에도 불구하고 이 회장은 업계의 상황이 호전될 것임을 전망하며 추가생산라인 건설을 지시했고, 그 결과 반도체산업의 효과를 톡톡히 보고 있다.

성공하는 사람은 같은 사물을 다른 방식으로 보고, 먼 미래를 내다보며 남들이 시도하지 않은 것을 시도한다.

무질서한 듯 질서 있게_ 김경섭

한국리더십센터의 김경섭 대표는 환갑을 훨씬 넘긴 나이에도 불구하고 아이디어가 샘물처럼 솟아오른다. 무엇보다 그의 회의운영방식은 상당히 독특하다. 직원들이 돌아가면서 회의를 주재하는데, 신입사원도 예외가 없다. 그러한 과정을 통해 사람들은 회의주체가 되고 자신감과 책임감을 갖게 된다.

사람을 채용하고 관리하는 것도 상당히 특이하다. 신입사원은 일을 시작한 지 3개월이 지난 후에 전 직원에게 피드백을 받아 그와 함께 계속 일하고 싶은지를 조사한다. 물론 그 결과가 좋아야 일할 수 있다.

또한 모든 직원은 1년에 한 번씩 관련자와 함께 피드백을 주고받는다. 이것은 직급과 상관없이 이루어지며, 등 뒤에서 쑥덕이는 것을 방지하고 자신의 모습을 거울에 비춘 듯 꼼꼼히 분석하여 반성하자는 의미를 담고 있다.

청소는 구역을 정해 직원들 스스로 한다. 무엇보다 출퇴근이 자유로우며 일이 있으면 '무슨 일 때문에 늦게 출근하고 일찍 퇴근한다'고 칠판에 써 놓으면 된다. 이것은 무절제하게 보일 수도 있지만, 자리를 잡으면 오히려 시너지효과를 올릴 수 있는 방법이다. 자유에는 그만한 책임이 따르기 때문이다.

궁리는 해결을 위해 많은 에너지를 쓰는 것_이시형

문제가 발생했을 때, 궁리를 한다는 것은 문제해결을 위해 많은 에너지를 쓴다는 것을 의미한다.

정신과 의사이자 최고의 강사인 이시형 박사는 무엇이든 그대로 받아들이기보다는 뒤집어 생각해보고, 그것이 옳은지 따져보는 스타일이다.

책을 읽을 때, 수동적으로 읽기보다 저자와 대화한다는 생각으로 읽는다. 만약 예문이 적절하지 않으면 적절한 예문을 옆에 써 놓기도 한다. 무엇보다 허례허식을 싫어하는 그는 늘 고객의 입장에서 생각한다.

고려병원(현 강북삼성병원) 원장시절, 그는 한국 최초로 검진센터를 설립했다. 치료보다는 사전에 예방하는 것이 중요하다고 생각하여 내린 결정인데 당시에는 반대가 심했다. 오는 환자를 받기도 벅찬데 무슨 검진이냐는 얘기였다. 하지만 결과적으로 환자들은 이를 통해 사전예방의 중요성을 깨닫게 되었고, 병원은 경제적으로 큰 이익을 볼 수 있었다.

간호사 채용에서도 인품이 기술보다 중요하다며 필기시험을 없애고 면접만으로 선발했다. 이처럼 남들이 생각하지 못한 창의적인 아이디어 덕분에 확장공사를 하는 악조건 속에서도 그 병원은 몇 년간 고객만족 1위 자리를 지켰다.

남들과 똑같은 일을 똑같은 방법으로 하면서 성과가 나기를 기대하는 것만큼 어리석은 일은 없다. 앞서 가려면, 성공하려면 뭔가 달라야 한다. 그러한 차이는 질문으로부터 뽑아낼 수 있다.

지금 우리는 잘 하고 있는가, 더 잘 하기 위해서는 무엇을 어떻게 해야 하는가, 바꿀 것은 무엇이고 없앨 것은 무엇이며 새로 시작할 것은 무엇인가? 영리하게 질문할 수 있다면 진리에 반은 도달한 것이나 마찬가지다.

변화를 위해서는 남들이 못본 것을 볼 수 있어야 하고, 생각지 못한 것을 생각할 수 있어야 한다. 남들이 시도하지 않은 것을 시도해볼 수 있는 용기도 필요하다.

처음 하는 일은 다 무모해 보인다.
그렇지만 처음부터 무모해 보이지 않는 생각은
아무런 희망이 없다.

— 아인슈타인

리더(Leader)는 리더(Reader)다

인생이라는 학교에는 졸업이 없다. 그러므로 평생 손에서 책을 놓으면 안 된다. 독서는 어렵지만 그것을 습관화하면 즐겁고 또한 그로 인한 혜택이 엄청나다.

성공하는 사람은 한결같이 책을 가까이한다. 마치 그 속에 무슨 보물이라도 들어 있어 캐내려는 듯 열중해서 읽는다. 실제로 책에는 무궁무진한 보물이 들어 있고, 성공한 리더 중에는 그 보물의 덕을 톡톡히 보았다고 고백하는 사람들이 많다.

이랜드의 박성수 회장은 근육무력증이라는 병으로 몇 년간 입원해 있을 때, 3천 권 가까운 책을 읽었는데 지금의 성공이 그때 읽은 책의 힘과 무관하지는 않을 것이다. 일본의 손정의 사장도 병으로 앓아누웠을 때 엄청난 양의 책을 읽었고 그것이 성공의 동력이 되었다고 말한 바 있다. 그밖에 삼성의 이병철 회장이나 안철수 사장 등은 모두 뛰어난 독서광이다.

거스 히딩크 감독 역시 책을 좋아한 인물로 유명하다. 그는 소설과 역사책을 무척이나 즐겼다. 대표팀을 이끌고 유럽 전지훈련에 나섰을 당시, 코치들은 책만 잔뜩 들어 있는 히딩크의 가방을 보고 깜짝 놀랐다고 한다. 또한 월드컵 직전에도 스포츠 심리학 관련 서적을 집중적으로 읽으며 치밀하게 준비한 것으로 알려져 있다.

읽으면 읽는 만큼 인생에 윤기가 돈다_지승룡

10년 전, 신촌의 기찻길 옆 10평의 카페로 시작해 현재 전국에 21개의 지점을 낸 민들레영토는 대학생들이 가장 일하고 싶어하는 카페다. 국내 카페브랜드 인지도에서 단연 1위를 차지하고 있는 이곳의 대표 지승룡 소장은 한때 목사가 직업이었다.

개인적인 일로 목사직을 그만둔 그는 갑자기 늘어난 시간을 주체하지 못해 도서관을 찾기 시작했다. 처음에는 단순히 시간을 때우기 위해 독서를 하기 시작했는데, 점점 흥미가 붙어 거의 2천 권 가까운 책을 읽게 되었다. 그는 당시의 독서가 지금의 민들레영토를 만들고 성공적으로 운영하는 데 결정적인 도움을 주었다고 고백한다.

독서는 그저 취미생활로나 할 수 있는 단순한 노력이 아니다. 그것은 철학과 관련이 있다. 책을 열심히 읽는 사람에게는 나름대로 철학이 있다. 자신이 뭔가 부족하고 그것을 채우려면 끊임없이 노력해야 한다고 생각하는 사람은 책을 읽는다. 책을 통해 다양한 사람을 만나고 그들로부터 계속 배우려는 것이다.

배움은 배움을 낳고 독서는 또 다른 독서로 이어진다. 그리고 그것은 성공으로 가는 길을 보여준다.

손으로는 기술을, 머리로는 지혜를 습득하라_강윤선

헤어디자이너 사무실이 도서관이라는 착각이 들 정도로 책으로 가득 차 있다면 믿어지는가! 믿기 어렵겠지만 한국 최고의 미용관련 기업인 준오헤어에 가면 원장실이 책으로 가득하다.

현재 38개 직영점에 6백여 명의 정규 헤어디자이너가 일하고 있으며, 직원이 1천2백 명에 이르는 준오헤어에서는 단순히 머리만 잘 만져서는 안 된다. 독서가 주는 혜택을 너무도 잘 알고 있는 강윤선 원장의 독특한 경영철학에 의해 준오아카데미에서 일정 학점을 이수하고 필요한 책을 읽어야 자격이 주어지는 것이다.

어쩌면 38개 직영점의 품질이 잘 관리되고 있는 것도 이러한 철학이 있기 때문에 가능한 것인지 모른다. 독서와 미용업은 언뜻 생각하기에 별로 관련 없어 보이지만, 하나를 하더라도 제대로 하도록 기술과 지혜를 겸비시키겠다는 강 원장의 집념에 고개가 끄덕여진다.

당대의 시문을 모아놓은 『고문진보』에 보면 독서의 힘에 대해 강조한 대목이 나온다.

"책을 읽는 사람에게 곤란한 일은 일어나지 않는다. 책을 읽으면 만 배의 이익이 있다."

사람은 읽는 만큼 성장한다. 독서는 우리에게 온갖 지혜를 가져다 주기 때문이다. 순간적인 성공은 누구나 할 수 있지만 그것을 유지하는 것은 쉽지 않은데, 그것을 가능하게 해주는 것이 바로 독서다.

모든 독서가(reader)가
다 지도자(leader)가 되는 것은 아니다.
그러나 모든 지도자는 반드시 독서가가 되어야 한다.
– 해리 트루먼

젊음을 제대로 불태워야 인생이 바로 선다

나이 50에 이르면 웬만큼 그 사람의 인생에 대한 평가표가 나온다. 50대가 살아가는 모습을 보면 윤곽은 대충 이렇다. 사회적으로 일정 지위에 오른 사람도 있고 자기 분야에서 혁혁한 성과를 내는 사람도 있다. 경제적으로 그리 풍요롭지는 않지만 가정에서 충실한 가장노릇을 하는 사람이 있는가 하면, 개인적으로 어느 정도 안정을 찾은 후 사회를 위해 헌신하는 사람도 있다. 물론 아직 자리를 잡지 못해 헤매는 사람도 많다.

문제는 그 나이에 이르면 인생역전을 꿈꾸기가 쉽지 않다는 데 있다. 대다수의 사람들은 현재의 포지션을 유지하면서 살아갈 확률이 높다. 그러므로 인생의 싹은 젊은 시절부터 확실하게 키워나가야 한다. 어영부영하다 보면 어느새 50고개를 넘고 그러면 '아, 이제 늦었구나'

라는 생각이 절로 든다. 더욱이 그 나이에는 인생을 깨닫는다 해도 몸이 따라주지 않는 경우가 많다.

젊음을 제대로 불태워라. 정말로 영양가 높은 일에 뛰어들어 적어도 10년 이상을 내다보고 인생을 설계해야 한다. 그래야 50대에 이르러 흡족한 인생평가표를 받을 수 있다.

미래를 내다보고 구체적으로 토대를 닦아라_박준원

포항공대의 박준원 교수는 이론과 실무에 밝아 수십억짜리 프로젝트를 여러 개 추진할 정도로 그 분야에서 인정을 받고 있다. 무엇보다 자신이 하는 일에 큰 자부심을 갖고 있는 그는 무엇을 하든 반듯하게 처리하는 자세 덕분에 주변 사람들로부터 호평을 받고 있다.

그는 젊은 시절부터 바른생활 실천 사나이였다. 일일계획을 세워 토플공부와 더불어 실험을 하고 언제 어떤 학교로 유학을 떠날 것인지 꼼꼼하게 체크하여 그 계획에 따라 인생을 짜맞춰나갔다. 더욱이 외국에 나가면 어떤 과목을 전공하고 지금 하는 일과 미래를 어떻게 연결시킬 것인지까지 설계를 하고 있었다.

대다수의 젊은이들이 아무 생각 없이 친구들과 어울려 술이나 마시고 당구나 치러 다니던 순간에 그는 먼 미래를 구체적으로 계획하고 있었던 것이다.

당시 박 교수는 하루 2갑 이상의 담배를 피울 정도로 골초였는데, 자기 인생에 하등 도움이 안 된다고 생각한 그 순간부터 딱 끊어버리는 절제력도 보여주었다.

"제 전공은 원래 촉매였습니다. 그걸로 학위를 땄죠. 그런데 하다보니 표면화학이 중요하다는 생각이 들더군요. 그래서 그쪽으로 돌아섰습니다. 표면을 어떻게 처리하느냐에 따라 물성도 달라지고 활용성도 높아지거든요. 그러다 바이오에 관심을 갖게 되었죠. 반도체 칩처럼 유전자 칩도 엄청난 잠재력이 있거든요. 거기까지 가다 보니 나노에도 관심을 갖게 되었고… 어찌어찌 하다보니 여기까지 오게 되었지요."

말은 쉽게 하지만, 변화와 도전을 즐겼던 그의 젊은 시절은 미래의 토대를 착실히 닦는 데 전혀 손색이 없었다.

놀 땐 확실히 놀고, 일할 땐 확실히 일하라 _유진녕

엘지화학연구원의 유진녕 원장은 성실성은 기본이고 사고 자체가 매우 유연하다. 사실 자기 분야에서 한 가닥 하는 사람들을 이끌고 연구소를 경영한다는 것은 생각보다 힘든 일이다. 하나하나의 개성을 이끌어내 전체와 조화를 이루도록 해야 성과를 올릴 수 있기 때문이다.

그는 초년시절부터 늘 베풀려고 노력했다. 집안이 그리 넉넉하진 않았지만 친구들에게 인색하지 않았고, 언제나 사람들에게 웃음을 안겨주었다. 말도 잘하고 유머감각도 있어 그와 함께하는 사람들은 늘 마음이 훈훈했다.

그렇다고 그가 일을 대충 처리하는 스타일은 아니다. 농담을 하고 떠들며 놀다가도 일을 시작하면 무섭도록 확실하게 처리했다. 놀 땐 잘 놀고 또 일할 땐 확실히 일하는 스타일이었던 것이다. 덕분에 그는 친구들 사이에 인기가 좋았고, 주변에는 언제나 사람들이 모여들었다.

그는 젊은 시절부터 성실성, 전문성 그리고 원만한 대인관계에 대해 주변의 인정을 받아 오늘날에 이른 것이다.

젊은 시절의 내공이 평생을 좌우한다_ 이우종

엘지CNS 부사장으로 있는 이우종 박사는 군계일학처럼 여러 사람 속에 섞여 있어도 눈에 띈다. 매사에 긍정적이고 일에 대한 추진력이 매우 강한 데다 늘 목표 중심적으로 일처리를 하기 때문이다.

그것은 젊은 시절부터 몸에 배인 습관이었다. 공부를 하든 일을 하든 목적이 무엇인지, 지금 하는 것이 목적과 부합하는지, 장애요인은 어떤 것이고, 그것을 극복하기 위해 필요한 것은 무엇인지 등 자신의 관련분야에 관해 조목조목 목표를 세워 대응했던 것이다.

그것은 사회에 나와서도 마찬가지였고, 덕분에 초고속 승진을 하게 되었다. 비실비실하던 팀도 그가 맡으면 눈빛이 달라졌고, 모든 이들이 안 된다고 하던 일도 그가 하면 이루어졌다.

"중요한 것은 일이 영양가가 있느냐 그렇지 않느냐이다. 만약 영양가가 있다면 안 되는 이유가 아니라 되는 이유를 찾아 그것을 하면 된다. 그러기 위해 가장 중요한 것은 사람이다. 적합한 사람을 찾아 그에게 일을 주면 된다."

확실한 것은 젊은 시절부터 기초를 탄탄히 닦고, 좋은 습관을 들인 사람은 언제 어디를 가든 환영을 받고, 자신이 속한 곳에서 최고의 성과를 낸다는 점이다. 그만한 내공과 잠재력을 지니고 있기 때문이다.

사람의 인격이나 노하우, 긍정적 자세, 좋은 습관은 하루아침에 형성되는 것이 아니다. 그것은 미래를 내다보고 자신을 끊임없이 채찍질하고 다져나가야만 몸에 밴다. 그것이 몸에 배면 언제 어디를 가든 당당한 자신감과 능력으로 성과를 낸다.

젊은 시절부터 좋은 습관을 익히고 작은 일이라도 이루는 경험을 쌓아 나가면 어느덧 자기가 추구하는 길로 들어선 자신을 발견하게 될 것이다. 그것이 성공이다. 그것은 느닷없이 주어지는 것이 아니라 꾸준한 내공의 결과로 이루어지는 것이다.

어떤 환경. 어떠한 생활 속에서도 우리가 찾아야 할 의무와 이상이 있다. 당신이 처해 있는 그 환경이 불행하고 보잘것없는 것일지라도 그 속에 당신이 찾아야 할 이상이 있다. 얕은 환경에서 자신을 훌륭히 키워나가는 것이 우리가 자유를 얻는 길이다.

– 토마스 칼라일

성공하는 사람들은 문제해결에 강하다

꿈과 이상만으로 성공할 수는 없다. 이를 실행하는 데는 예상치 못한 수많은 난제와 장애물이 가로막고 있기 때문이다. 현실에서 중요한 것은 계속해서 발생하는 자잘한 문제들을 효과적으로 해결하는 능력이다.

인생에는 늘 문제가 따르고, 삶 자체가 문제를 해결하는 과정의 연속이다. 그렇기 때문에 문제해결 능력이 있는 사람은 일이 술술 풀리고, 그렇지 않은 사람은 늘 일이 꼬이게 마련이다. 더욱이 문제해결 능력이 탁월한 사람은 사회에서 인정을 받기 때문에 그것이 곧 성공으로 이어진다.

새로운 아이디어를 생각하고 이를 기록하라_정진구

삼립식품을 거쳐 다국적 식품기업에서 잔뼈가 굵은 CJ푸드빌 외식총
괄대표 정진구는 문제해결 능력이 뛰어나다.

삼립식품 시절, 그는 빵에 들어가는 달걀 수급을 책임지는 자리에 있
었는데 봄가을 소풍철만 되면 연례행사처럼 계란파동이 일어나 곤욕
을 치렀다. 수요에 비해 공급이 딸렸기 때문인데, 당시 계란의 70퍼센
트는 안동과 칠곡에 산재한 나환자촌에서 공급하고 있었다.

정 사장은 달걀의 원활한 직거래를 위해 직접 그들을 찾아가 함께
어울렸다. 환자들 목욕도 시켜주고 밤에는 함께 소주도 마셨다. 그런
데 나환자촌의 주법은 특이했다. 잔 하나로 모두 돌아가며 마셨던 것
이다. 모든 사람이 피하는 나환자들과 그런 생활을 한다는 것이 보통
일은 아니었다.

덕분에 그는 나환자들의 신뢰를 얻었고 삼립식품은 안정적인 직거
래를 할 수 있었다.

1974년 미국으로 이민을 떠난 그는 시간당 3달러를 받고 세븐일레
븐에서 새 삶을 시작했다. 그는 매장에 비치되어 있는 편의점 운영매
뉴얼을 달달 외운 뒤, 문제점을 하나하나 정리하기 시작했다. 물론 아
무도 시키지 않은 일이었다.

그는 일일보고가 없고 근무자들이 올리는 매출총계와 실제잔액이
다르다는 문제를 지적하고 그 대안으로 금전등록기 설치를 제안했다.
그의 제안은 받아들여졌고, 얼마 지나지 않아 6천8백 개 미국 최대 편

의점의 운영매뉴얼이 모두 바뀌었다.

4개월 만에 부점장으로 승진한 그는 계속 새로운 아이디어를 생각하고 그것을 노트에 꼼꼼하게 기록했다. 당시 가장 큰 문제점은 편의점이 강도의 주 타깃이 된다는 점이었다. 매점 당 하루평균 1.5건의 강도사건이 일어날 정도였다. 그때 그는 두 가지를 제안했다.

하나는 계산대 앞에 있는 포스트를 없애자는 것이었다. 그래야 내부에서 일어나는 일을 밖에서 볼 수 있기 때문이다.

다른 하나는 20달러 이상의 지폐는 받지 않는다는 공고문을 외부에 붙여놓으라는 것이었다. 현금이 많지 않으면 강도가 들지 않을 것이라는 판단에서였다.

이 제안을 실시한 후, 세븐일레븐의 강도피해 건수는 거의 제로로 줄어들었다.

그는 6개월 만에 점장이 되었고, 점장생활 6년 만에 본사 간부가 되었다. 그러다가 베스킨라빈스가 한국에 진출하면서 총괄이사로 한국에 들어왔다. 이후 파파이스와 스타벅스를 거쳐 현재의 자리에 이르게 된 것이다.

반드시 해내겠다고 생각하면 해법이 보인다_정주영

문제해결 능력은 여러 가지 역량을 종합적으로 보여준다. 문제의 핵심을 꿰뚫어보는 통찰력이 있어야 하고, 문제점과 현상을 구분할 수 있는 능력을 비롯하여 창의성과 기발한 아이디어도 필요하다. 이를 실천하는 실행력도 있어야 한다.

한국 최고의 CEO인 현대의 정주영 회장은 수많은 문제점을 멋지게 해결한 인물로 유명하다.

한번은 사령관의 초도순시를 앞둔 미군부대가 며칠 내로 잔뜩 쌓인 눈을 없애고 연병장을 푸르게 만들어달라는 주문을 했다. 모든 건설업자들이 '이 겨울에 어떻게 푸른 연병장을 만드느냐'며 고개를 저었다. 하지만 정 회장은 그것을 흔쾌히 받아들였다. 그런 다음 당시에는 매우 흔했던 보리밭을 통째로 사서 잔디 대신 푸른 보리를 심어놓았다.

정말로 기발한 아이디어가 아닐 수 없다.

서해안 간척사업 때, 최종 물막이문제로 공사가 난항에 부딪치자 정 회장의 번뜩이는 아이디어는 또다시 힘을 발휘했다. 물살이 너무 세서 물을 막을 수 없다는 보고가 올라오자, 못 쓰게 된 대형유조선을 이용해 물의 흐름을 막도록 지시했다. 이 기상천외한 유조선 공법은 '정주영 공법'으로 불렸고 이로 인해 여의도 면적의 48배에 해당하는 서해안을 간척할 수 있었다.

나를 알리기 위해 몸을 던져라_유일한
한국에서 가장 존경받는 기업인으로 꼽히는 유일한 박사는 미국 GE

본사에서 회계사로 일하다 통조림회사 '라쵸이(La Choy, 중국어로 숙주나물이란 의미)'를 설립했다.

하지만 그가 취급한 숙주나물과 죽순은 동양인이 좋아하는 것이지, 미국인에게는 전혀 알려지지 않았기에 매출은 거의 일어나지 않았다. 궁여지책으로 판촉을 위해 캔 대신 유리병을 사용했지만, 파손율만 높고 별다른 소용이 없었다.

그는 어떻게 해서든 숙주나물이 끝내주는 식품이라는 사실을 알려야 했다. 곰곰이 생각하던 그는 최후의 수단으로 숙주나물 유리병을 가득 실은 차를 몰고 오하이오 번화가에 있는 백화점 쇼 윈도우를 일부러 들이받았다.

사고가 나자 군중들이 몰려왔고 차에 실었던 숙주나물은 그대로 길바닥에 나뒹굴었다. 당연히 사람들은 쏟아져 나온 숙주나물에 관심을 보였고, 그는 이게 대체 뭐냐는 기자들의 질문에 자세하게 설명할 기회를 얻게 되었다. 덕분에 공짜로 광고를 대대적으로 할 수 있었던 것이다.

이후, 그의 사업은 번창하게 된다.

문제해결의 첫 걸음은 문제에 대한 인식의 전환이다. 무덤 속에 있는 사람을 제외하고 이 세상에 문제 없는 사람은 없다. 그러므로 일을 추진함에 있어 문제발생을 당연한 과정으로 받아들여야 한다. 문제해결을 통해 배우려는 자세도 필요하다.

성공하는 사람들은 문제해결에 적극적으로 대처한 사람들이다. 그들은 쓸데없는 걱정으로 시간을 죽이지 않는다.

해결될 문제라면 걱정할 필요가 없고,
해결 안 될 문제라면 걱정해도 소용이 없다.

– 티벳 격언

중요한 일 몇 가지를 동시에 하라

사람들은 어떤 형태로 성과를 낼까? 어떻게 일을 할 때 최대로 잠재력을 발휘할까?

곰곰이 생각해보면 우리가 하루 동안에도 많은 일을 처리한다는 것을 알 수 있다. 한 가지 일만 하는 것은 거의 불가능하다. 늘 여러 가지 일들이 동시에 발생하고, 해야만 하는 일들이 산처럼 쌓여 있다. 일도 해야 하고 취미생활도 즐겨야 하고 친구도 만나야 하고 책도 보아야 하고 먹어야 하고 틈틈이 놀기도 해야 한다.

그러므로 요령을 찾아야 한다. 중요한 것을 먼저 하는 것도 좋지만, 중요한 것 몇 가지를 동시에 진행하는 것이 훨씬 더 효과적인 경우도 많다. 그러기 위해서는 시간을 스스로 통제하고 일의 리듬을 타야한다. 그러면 일을 동시에 처리하면서 성과를 극대화할 수 있다. 무엇보다 같은 작업을 반복하면 그 일에 익숙해지므로 가속도가 붙게 된다.

한 번의 시도로 몇 가지를 동시에 처리하는 지혜야말로 시간의 효율성을 극대화하는 방법이자 최선의 시간관리다.

여러 개의 프로젝트가 충돌하면 새로운 에너지가 생긴다 _ 김영한

『총각네 야채가게』, 『민들레영토 희망스토리』 등 베스트셀러를 연속으로 출간한 김영한 사장은 마케팅전문가로서 활동한 경험이나 벤처기업을 운영했던 노하우를 책 속에 충실히 담아내고 있다. 또한 강의와 컨설팅활동을 통해 사람들에게 도움이 될 소재를 열심히 건네주고 있다.

무엇보다 그는 일하는 방식이 독특하다. 늘 서너 개의 프로젝트를 동시에 진행하는 것이다. 그래야 프로젝트끼리 충돌하면서 새로운 아이디어도 떠오르고 에너지가 생긴다고 한다.

"제가 벤치마킹하는 인물은 두 명입니다. 우선 모차르트입니다. 젊은 나이에 세상을 떠난 그는 5백 편이 넘는 작품을 남겼습니다. 쾨헬이라는 사람이 평생 모차르트 작품만을 정리할 정도로 다작을 했지요. 그것은 모차르트가 늘 몇 가지 작품을 동시에 구상했기에 가능한 일이었습니다.

둘째는 에디슨입니다. 그는 1093개의 미국 특허를 갖고 있고 오늘날 미국의 GE를 만든 사람입니다. 발명가지만 최고의 기업가이자 억

만장자죠. 그 역시 늘 6~10개의 프로젝트를 동시에 진행했습니다. 히트상품만 수백 개에 이릅니다. 그는 두 개의 책상을 갖고 있었습니다. 하나는 발명가로서 일할 때 사용하는 책상이고, 또 하나는 비즈니스맨으로 일할 때 사용하는 책상입니다. 철저하게 자신을 구분해 일한 결과, 그런 성과를 낸 것입니다."

관심이 많은 사람은 하루가 48시간이다_ 정종환

철도시설공단의 정종환 이사장은 다양한 관심사를 갖고 있고 그만큼 여기저기에 많은 시간을 투자한다.

그는 등산을 즐기다가 산 전문가가 되었고, 등산을 하면서 본 야생화에 관심을 기울이다 식물도감으로 공부를 하여 야생화 전문가가 되었다. 심심풀이로 듣던 고전음악도 일정 경지에 달해 갖고 있는 CD, LP만 4천 장이 넘는다. 최근에는 백제역사와 불경에 관심을 갖고 그것을 공부하는 재미에 빠져 있다.

"관심이 있으면 시간은 얼마든지 낼 수 있지요. 관심이 많은 사람은 하루가 48시간이고, 별다른 관심없이 어영부영하는 사람에게 하루는 몇 시간 되지 않습니다. 다양한 관심은 일하는 데 많은 도움을 줍니다. 전혀 상관 없어 보이는 데서 좋은 시상이 떠오르거든요."

성공은 성과로 나타나고, 성공자에게는 많은 주문이 들어오므로 한꺼

관심이 있으면 시간은 얼마든지 낼 수 있다.
관심이 많은 사람은 하루가 48시간이고,
별다른 관심없이 어영부영하는 사람에게
하루는 몇 시간 되지 않는다.

번에 여러 가지 일을 할 수밖에 없다. 사실, 부여된 다양한 일을 효과적으로 처리하는 것이 성공자의 책임이기도 하다.

성공자들은 아무리 일이 몰려도 그것을 정확한 시간 내에 꼼꼼하게 처리한다. 오히려 일 없이 게으른 사람보다 더 빨리 일을 끝낸다. 그렇기 때문에 무슨 일을 부탁할 때는 바쁜 사람에게 부탁해야 한다는 말이 있는 것이다.

모든 사람에게 주어진 시간은 똑같다. 성공이란 이런 자원을 어떻게 효과적으로 사용하느냐에 달려 있다.

바쁘고 안 바쁘고는 그리 중요하지 않다.
문제는 무엇을 위해 바쁘냐는 것이다.

– 헨리 데이빗 소로우

현실감각을 잃지 마라

성공은 이미 그 자체로 실패의 씨앗을 안고 있다. 자만하기 쉽고 예전 방식을 고집하기 쉽다. 성공의 경험을 굳게 믿고 있기 때문이다. 성공의 위험 중 하나는 현실을 현실대로 보지 못하고, 왜곡해서 보기 쉽다는 점이다. 쉬운 예로 높은 자리에 올라가면 자꾸만 현장과 멀어진다. 그러면 현실감각이 떨어지고 현장에서 어떤 일이 벌어지고 있는지 판단하기가 쉽지 않다.

성공을 이루는 것은 끈질긴 노력이지만, 성공을 유지시켜주는 것은 스스로의 각성이다. 그렇기 때문에 성공을 유지하는 사람들은 어떤 형태로든 현실감각을 유지하기 위해 애쓴다. 지금의 나보다 더 나은 사람이 되겠다는 욕망을 실현하기 위해 구체적인 계획을 세우려면 현실감각은 필수적이다. 그것을 얻기 위한 방법 중의 하나가 현장중시다.

권위의식은 현장과 멀어지는 지름길이다_서두칠

동원이스텔시스템의 서두칠 대표는 실용적인 사람이다. 언제 어떤 일을 하든 그 일이 얼마나 영양가가 있는가를 먼저 따져본다. 관료적 입장에서가 아니라 충실히 현장위주로 생각한다. 관료주의는 실용적인 것보다 관념적이고 명분에 치우친다는 것을 잘 알기 때문이다.

"저는 권위적인 냄새를 싫어합니다. 권위주의, 온정주의, 형식주의에 파묻혀 있으면 직원들과 화합할 수 없습니다. 권위를 내세우는 경영에서는 직원과 경영자가 물과 기름처럼 따로 놀 수밖에 없죠."

그는 권위의식을 조금이라도 줄이고 싶어 최고경영자란 이름 대신 대표경영자로 불리기를 원한다. 직원들을 권위와 힘으로 누르기보다는 동등한 입장에서 공감대를 형성하고 함께 문제를 해결한다. 철저히 현장위주로 행동하는 것이다.

그렇기 때문에 늘 솔선수범한다. 한국전기초자 시절에는 13평 아파트에서 자취를 하고 손수 운전을 하며 출퇴근을 하기도 했다. 직원들에게만 열심히 일하라고 하지 않고 자신이 직접 현장을 챙기며 새벽부터 밤늦게까지 일하는 모습을 보여주었다.

대표가 현장을 책임지는 직원들의 입장에 서서 그들과 호흡을 함께 하고, 먼저 솔선수범을 보이는데 열심히 일하지 않을 직원이 어디 있겠는가. 그의 철학은 지금의 동원이스텔시스템에서도 이어지고 있다.

사람이 지위가 높아지면서 겪게 되는 문제 중의 하나는 현실감각이 떨어진다는 것이다. 사람의 장벽에 둘러싸여 현장에서 무슨 생각을 하는지, 어떤 문제가 있는지 알지 못한다. 더욱이 현장에 자주 나가지 않으면 고객이 무엇을 원하는지 알 수 없고, 밀폐된 공간에서 몇 사람이 관념적으로 의사결정을 하다보면 자연히 실패를 하게 된다.

그런 의미에서 현장을 가까이 하고 현실감각을 유지하는 것은 성공의 중요한 요소다.

현장전문가가 되라_김정태

김정태 국민은행 전 행장은 현실감각을 잘 유지한 사람이다. 그는 IMF 이후 국내 금융기관 대부분이 퇴출 위기로 몰리는 상황에서 짧은 기간에 국민은행을 혁신해 국제적으로 성공한 금융개혁 사례로 회자되고 있다. 심지어 일본에서 한국 금융기관의 개혁을 본받아야 한다고 주장하는 사람도 있다.

그러한 성공의 핵심에는 현장 밀착 경영이 있다.

주택은행장 시절, 그는 상하 간 커뮤니케이션 확대를 위해 전국 지점을 차례로 돌았고 그 이야기가 맥그로힐 출판사에서 출간한 경영학 교재에 사진과 함께 실리기도 했다.

은행개혁을 단기간에 완성하기 위해서는 무엇보다 일선직원과의 대화가 필요하다는 것이 그의 철학이다. 이를 마오쩌뚱의 대장정에 비유하기도 하고, MBWA(management by walking around)라고도 한다. 전 은행지점 방문을 끝낸 그는 우량 중소기업체로 방문을 확대했고, 그 결

과 2000년 말 현재 은행대출에서 신용대출이 차지하는 비율은 69.8퍼
센트로 시중은행 가운데 1등이다.

관념적인 것, 탁상공론은 성공을 가로막는 지뢰 중 하나다. 그럴 듯하
지만 현실과 동떨어진 것이 바로 관념이다. 시장을 모르는 상품과 서
비스를 개발하는 것, 직원들이 원하지 않는 일을 선심을 쓴답시고 하
는 것 등은 특히 조심해야 한다.

　설사 성공을 했더라도 현실을 무시하면 그 성공은 금방 무너지고 만
다. 성공을 유지하려면 늘 현실에 뿌리를 내리고 있어야 한다.

최고의 아이디어는 평사원과 급사로부터 나옵니다.
우리는 그들이 얘기를 잘 하게 하고 잘 들어주면 됩니다.

- 샘 월튼

성공하는 사람은 부드럽지만 강하다

색소폰의 음색에 푹 빠져든 어느 지인으로부터 알 듯 모를 듯한 얘기를 들었다.

"강태환 선생은 색소폰의 대가입니다. 그 분은 득음을 한 사람이지요. 음과 음 사이를 4개로 쪼개 소리를 내고, 음끼리 어울립니다. 어울리지 않는다는 수준을 넘어선 것이지요. 그리고 높이 올라갈수록 소프트하고 마일드한 소리가 납니다. 색소폰을 불 때는 두 종류의 마우스를 사용합니다. 메탈마우스와 뿔마우스입니다. 메탈마우스는 강하고 센소리가 나고, 뿔마우스는 부드럽고 섬세한 소리가 나지요. 그런데 강태환 선생 같은 고수는 메탈마우스를 갖고 부드럽고 고운 소리를 내고, 뿔마우스를 이용해 강한 소리를 내지요. 뭔가 모순되는 것이 잘 어울리는 것, 이것이 고수의 경지인 것 같습니다."

삼성경제연구소의 최우석 부회장은 성공한 CEO의 특징으로 양극적 기질을 꼽고 있다. 부드러운 면과 강한 면을 동시에 갖고 있고, 감성적이면서 이성적이며 계산적이지만 순수한 면이 많다는 것이다. 한마디로 지킬 박사와 하이드의 면모를 동시에 지니고 있다는 얘기다.

딱딱한 콘텐츠도 예술적인 부드러움으로 승화하라 _ 최재천

"내가 만약 과학자가 되지 않았다면 소설가나 춤 선생이 되었을지도 모르지요."

예술가 같은 과학자라는 표현이 딱 어울리는 최재천 교수는 실제로 딱딱하고 논리적인 학자의 느낌보다는 부드럽고 달콤한 예술가의 느낌을 전해준다. 그는 학창시절부터 예술적 재능이 돋보였다.

경복고 시절, 우연히 제출했던 조각 작품(비누로 만든 부처님) 덕에 미술반에 들어가게 되었고, 친구를 따라갔다가 얼떨결에 참석한 백일장에서 시 부문 장원을 차지하기도 했다. 그때 지은 '낙엽'이라는 시는 도저히 중학생이 지었다고 생각할 수 없을 정도다. 대학시절에는 시를 쓴답시고 수업을 빼먹기 일쑤였고, 공부보다는 다른 쪽에 관심이 많았다. 한때 문예부장, 학도극장부장, 사진동아리 영상 회장 등 전공과 관계없는 직함을 9개나 가질 정도였다.

부드럽기만 한 것은 재미없다. 논리적이고 딱딱하기만 한 것 역시 지루하다. 가장 좋은 것은 딱딱하고 논리적인 콘텐츠가 부드러운 것으로 포장되어 있는 경우다. 최재천의 성공이 그렇다. 동물생태학이라는 다소 딱딱한 콘텐츠를 특유의 예술적인 부드러움으로 표현한 것이 오늘날의 성공을 가져온 것이다.

감성과 이성을 적절히 조화시켜라 _ 금난새

금난새는 예술가이긴 하지만, 일류 경영자 못지않게 치밀하고 이성적이며 현실적이다. 예술가 하면 보통 사소한 것에 신경쓰지 않고 늘 꿈에 젖어 살아갈 것이라고 생각하지만, 그는 절대로 그렇지 않다.

그는 음악을 업으로 하는 벤처 CEO다. 늘 가능성을 타진하고 이것저것 따져보고 치밀하게 살펴본다. 또한 음악회가 끝난 후 고객으로부터 피드백도 철저히 받는다. 예술과는 어울리지 않는 행동이랄 수도 있다.

그가 이렇게 된 데는 부모님의 영향이 크다. 유명한 가곡 '그네'를 지은 금수현이 그의 아버지다. 금수현은 음악인, 교육인, 정치인을 거쳐 나중에는 음악관련 잡지를 내는 데 평생을 바쳤지만 경제적으로 가정을 책임지지는 못했다. 보다 못한 어머니가 가정경제를 책임지기 위해 유치원을 설립하고 운영해 살림을 꾸렸다. 그는 어머니와 아버지를 고루 닮았다. 아버지로부터는 꿈을 가져야 한다는 것을 배웠고, 어머니로부터는 현실에 몸을 담고 세밀해야 한다는 것을 배웠다. 그는 이상주의자지만 황당한 이상주의자가 아니다. 치밀하고 이성적인 음악가다.

항상 강한 사람, 늘 약한 사람이란 존재하지 않는다. 설혹 있다 해도 오래가지 못한다. 강한 것은 부드러움으로 둘러싸여야 오래갈 수 있다. 감성과 이성이 조화를 이루는 것이 그저 감성적이기만 하거나 이성적이고 딱딱하기만 한 것보다 낫다는 얘기다. 그런 면에서 성공한 사람들에게 나타나는 이런 양면성은 당연한 결과라 할 수 있다. 그렇기 때문에 성공했을 수도 있다.

중국 최고의 명문 칭화대는 이런 양면성의 중요성을 잘 보여준다. 이들의 교무지침은 고금관통(古今貫通), 중서융합(中西融合), 문리삼투(文理滲透) 세 가지다. 즉, 옛 것과 지금의 것을 다 꿰뚫고 있어야 하고, 중국 것과 서양 것을 적절히 합해야 하며 문과적인 것과 이과적인 것이 조화를 이루어야 한다는 것이다.

최고의 지성이란.
서로 상반되는 생각을 동시에 가지고 있으면서도
행동의 일관성을 유지할 수 있는 능력이다.

– F. 스콧 피츠제럴드

자기 분야에서 최고가 되려면
무엇을 해야 하는가

1. 자기 분야에서 만큼은 도사가 되라. 중원을 평정하려면 그만한 공력을 갖춰야 한다.

2. 날로 새로워져라. 지식과 전문성에도 유통기한이 있다. 그렇기 때문에 계속해서 갈고 닦아야 한다.

3. 일하는 방법을 개선하고 혁신하기 위해 늘 궁리하라. 비슷한 일을 비슷한 방법으로 계속하면서 나아지기를 기대하는 것은 어리석은 일이다.

4. 문제해결의 귀재가 되라. 어려운 문제를 해결할수록 몸값은 올라간다.

5. 창의적으로 생각하라. 따져보고 뒤집어보고 새로운 것을 발견하라.

6. 중요한 일 몇 가지를 동시에 할 수 있는 방법을 찾아라.

7. 우선순위를 알고 그에 따라 효과적으로 일을 처리하라. 급한 것과 급하지 않은 것을 구분하고, 지금 해야 할 것과 나중에 해야 할 것을 구분하라.

8. 현실감각을 잃지 마라. 꿈은 꾸되, 현실을 무시하지 않아야 한다. 낙관적이되 현실과 동떨어지지 않아야 한다.

9. 서로 다른 성질을 조화시켜 내 것으로 하라. 딱딱한 것을 부드러운 것으로 감쌀 때 훨씬 강한 파워를 발휘한다. 논리적이기만 한 것보다는 논리적이지만 한편으로 감성적인 면을 갖추는 것이 필요하다.

10. 책을 많이 읽어라. 독서는 우리를 발전시키고 성공을 지속시켜 준다. 1년에 1백 권 이상의 책을 읽는다면 절대 실패하지 않을 것이다.

7장

철학 없는 성공은 사상누각이다

성공철학을 남겨라
나누는 삶이 진정 성공한 삶이다
받는 생활에서 주는 생활로 바꾸어라
성공은 인품이다
진정한 평가는 사후에 이루어진다

안에서 새는 바가지는 밖에서도 샌다. 어느 한 곳에서 성공한 사람은 다른 곳에서도 성공한다. 개인철학은 환경이 바뀐다고 달라지는 것이 아니기 때문이다.

성공한 사람의 가장 큰 특징은 삶의 철학이 명확하다는 점이다. 그들은 정직, 신용, 베풂의 정신, 양심을 지키고 또한 자신의 철학대로 행동한다.

흔히 사람들은 '돈만 있으면', '나에게 권력만 있으면' 하고 바란다. 그것만 있으면 무엇이든 할 수 있을 거라고 믿기 때문이다. 하지만 나는 그러한 생각에 동의하지 않는다. 그들 대부분은 돈이나 권력을 주워 담을 만한 그릇이 되지 못하기 때문이다.

간혹 준비되지 않은 사람에게 분에 넘치는 권력이나 돈이 생길 수도 있지만 그것은 얼마 가지 못한다. 그릇이 내용물을 이겨내지 못해서다.

진정한 성공은 철학과 사상에서의 성공이다. 성공할 수밖에 없는 삶의 철학을 가진 사람들이 구현하는 것이 성공이다. 그러므로 성공하고 싶다면 자신만의 철학을 만들어야 한다. 그것은 신뢰를 쌓는 것이나 전문성 확보가 될 수도 있고, 남에게 베풀거나 나누는 정신을 실천하는 것일 수도 있다.

『금강경』에 보면 준비가 얼마나 중요한 것인지 강조하는 말이 나온다.

"하늘에서 황금 비가 내려도 가진 그릇이 깨져 있으면 아무것도 담지 못한다."

성공철학을 남겨라

성공하는 것도 어렵지만, 그 성공을 유지하는 것은 더 어렵다. 당대에는 잘 살지만, 그 사람이 사라진 후에는 몰락하는 가정과 기업이 얼마나 많은가! 그렇기 때문에 진정한 리더는 자신이 물러난 후에도 성공이 지속될 수 있도록 시스템을 구축한다. 그런 의미에서 볼 때, 진정한 성공자란 사람들에게 정신적 유산을 남겨 그 성공이 지속되도록 만들 수 있는 사람이라고 할 수 있다.

진정한 성공은 정신적 유산을 남기는 것 _경주 최 부잣집

'권불십년(權不十年)'이라는 말처럼 아무리 강해 보이는 권력도 10년을 유지하기 힘들다. 또한 '부불삼대(富不三代)'라고 부는 삼대를 유지하기 힘들다는 말도 있다.

세계적으로 가장 부자였던 이태리의 메디치가는 거의 250년을 유지했다. 그러나 한국의 부자 경주 최씨는 무려 3백 년간 만 석 이상의 부를 유지했다. '부'란 단순히 재테크의 문제는 아니다. 이들은 정신적인 유산 덕분에 이러한 성공을 거둔 것이다.

그들의 정신은 지나치게 물질위주의 삶을 추구하는 현대인에게 많은 것을 생각하게 해준다.

첫째, 과거는 보되 진사 이상의 벼슬을 하지 않는다. 권력이란 칼날 위에 서 있는 것과 같기 때문에 가능한 한 멀리해야 한다는 의미다. 자칫 잘못하다가는 집안이 몰락할 수 있기 때문이다. 그렇다면 아예 멀리하면 되지 무슨 이유로 그 어려운 진사시험에는 합격하라는 것일까?

조선시대는 철저하게 양반이 지배하던 사회다. 양반이 되지 않고는 신분이나 부를 유지할 수 없다. 또한 학문을 해야만 사물의 이치를 깨달을 수 있고 그래야 부를 유지할 수 있다. 지식과 최소한의 계급은 갖되 권력과는 일정 거리를 두는 것이 비결이었던 셈이다. 부자들이 다른 것보다 자식 교육에 목숨을 거는 것도 이 때문이다. 지금처럼 지식과 부가 비례하는 사회에서는 더욱 그렇다. 깨달음이 있어야 부의 유지가 가능하다.

둘째, 인간관계에 기초한 노사관계를 실천한다. 최씨 가문 사람들은 지금도 최진립 장군을 그림자처럼 따라다니며 온갖 시중을 들다 마지막에 장군과 함께 죽은 충실한 노비 옥동과 기별의 제사를 지내주고 있다. 최근에는 이조리 가암촌에 이들을 위한 불망비(不忘碑)까지 세워주었다고 한다. 당시 천대받던 노비에게 이런 대접을 하는 것은 다른 가문에서는 찾아보기 힘든 일이다. 부하를 가족처럼 생각하는 최씨 가문의 이런 행동이야말로 따뜻한 선비정신이고 부를 유지하게 한 원동력이 아닐까?

셋째, 솔선수범과 승승(勝勝)의 정신이다. 함께 일하고 일한 만큼 가져간다는 것이 최 부잣집의 철학이다. 임진왜란 이후 국가는 국민들에게 황폐해진 국토의 개간작업을 권했다. 하지만 노력한 것에 비해 가져가는 것이 적어 사람들은 별다른 관심을 보이지 않았다. 이때, 경주 최씨는 과감하게 병작반수제를 도입했다. 병작반수제란 농사를 짓는 사람에게 수확물의 절반을 지대(地貸)로 주는 것을 말한다. 착취 수준의 기존 지주들에 비해 엄청난 대가였던 것이다. 그 결과, 수많은 유랑인과 소작인들이 기꺼이 최씨 가문과 일하기를 원했고 그들의 부는 계속 증가될 수 있었다.

또한 당시 대지주들은 부재지주로서 주로 한양이나 큰 고을에 따로 살면서 소작료만 챙기는 사람이 대부분이었는데, 최씨 가족들은 그 동네에 같이 살면서 이른 새벽부터 솔선하여 일터로 나갔다. 그리고 누구든 일을 하면 배불리 점심을 먹을 수 있게 해주었다. 당시만 해도 하루 두 끼 먹는 것이 상례였는데 이들은 세 끼를 먹게 해주었던 것이다.

넷째, 겸손한 자세로 함부로 부를 자랑하지 않았다. '내 돈 내가 쓰는데 무슨 상관이냐'라는 생각으로 어려운 사람을 염두에 두지 않고 자기 맘대로 물 쓰듯 돈을 쓰는 졸부와는 대조를 보인다. 최씨 집안 며느리들은 결혼 후 3년간 무명옷만 입어야 했다. 반면 과객은 후하게 대접했다. 1년 소득의 3분의 1 정도를 과객을 위해 썼다고 하는데, 이는 참으로 대단한 일이다. 물론 그 덕분에 좋은 정보도 얻을 수 있었고, 인심을 얻어 어려운 위기도 잘 극복하게 된다.

경주 최씨의 후손 최준 씨는 독립운동을 하다 파산위기에 처하게 되는데, 당시 아리가란 식산은행장의 도움으로 살아난다. 그가 경주 최씨를 도운 이유는 최 부자가 예뻐서라기보다 주위 사람들의 신망을 얻고 있는 그가 파산하면 민심이 흉흉해질 것을 우려했기 때문이다.

다섯째, 이들은 가진 자의 도덕적 의무를 실천했다. 1671년 나라에 큰 흉년이 들자, 최 부잣집은 과감히 곳간 문을 열어젖혔다.

"모든 사람이 굶어죽을 판인데 나 혼자 재물을 갖고 있어 무엇 하겠는가. 곳간을 열어 모든 굶는 이들에게 죽을 끓여 먹이도록 하라. 그리고 헐벗은 이에게는 옷을 지어 입히도록 하라."

최 부자는 집 앞 마당에 큰 솥을 걸고 굶주린 사람을 위해 연일 죽을 끓이도록 했다. 지금도 그 자리가 활인당이라는 이름으로 남아 있다. 또한 흉년에는 소작료를 대폭 탕감해주었다.

"사방 백 리 안에 굶어죽는 사람이 없게 하라. 흉년기에는 땅을 사지 말라. 재산은 만 석 이상 지니지 말라."

이는 경주 최씨의 또 다른 유훈이다. 가진 자는 그 부를 주위 사람들과 나눌 의무가 있다는 노블리스 오블리제(Noblesse Oblige)를 그 옛

날에 이미 실천한 셈이다. 일제의 강점 시기에 경주 최씨는 독립군을 지원하고 그것 때문에 가세가 기울기 시작한다. 그리고 마지막으로 나라의 교육을 위해 지금의 영남대학교에 전 재산을 기부하면서 화려했던 3백 년 부를 멋지게 마무리한다.

보통 사람들이 생각하는 성공은 돈을 많이 벌어 잘 살고, 자식에게 부를 물려주는 것이다. 하지만 물질보다 중요한 것은 정신적인 유산을 물려주는 일이다. 경주 최씨는 부에 대한 모든 교훈을 우리에게 보여준다. 어떻게 부를 일구어야 하는지, 그것을 어떻게 유지하고 발전시켜야 하는지 그리고 마지막으로 어떻게 정리해야 하는지를 보여주는 것이다.

　진정한 부자의 모습은 그래야 하지 않을까?

부자인 채로 죽는 사람이 세상에서 제일 바보다.

— 데일 카네기

나누는 삶이 진정 성공한 삶이다

요즘처럼 부자가 되고 싶은 욕구가 강한 시절은 없었던 것 같다. 많은 사람들이 부자가 되기 위해서라면 자신의 영혼이라도 팔 만반의 준비가 되어 있다. 그러한 욕구에 편승하듯 신문이나 인터넷, 책은 종자돈 만들기나 재테크와 관련된 내용으로 도배를 하고 있다. 심지어 로또를 연구하는 동아리까지 만들어졌다.

왜 이렇게 많은 사람들이 부자가 되고 싶어하는 것일까?

그것은 아마도 돈으로 살 수 있는 수많은 물건, 서비스, 존경 때문일 것이다. 그것을 탓할 생각은 없다.

하지만 최소한 진정한 부자가 누구인지, 그들이 어떻게 해서 부자가 되었는지 그리고 그 부를 유지하기 위해서는 무엇을 해야 하는지에 대해 관심을 기울였으면 싶다.

진정한 부자는 나눌 줄 안다.

샘물은 계속 퍼내도 마르지 않듯, 나눔은 손해를 의미하지 않는다. 오히려 많이 퍼 가는 샘물이 가장 맑은 법이다. 그렇기 때문에 나눔을 실천하면 오히려 더 풍요로워지고, 더 강하게 성공을 유지할 수 있다.

기업의 소유주는 개인이 아니라 사회다_유일한

유한양행을 설립한 유일한 박사가 사후까지도 존경을 받는 이유는 그가 사회를 위해 일했고, 또한 얻은 것을 돌려주어야 한다는 철학을 실천했기 때문이다.

"기업에서 얻은 이익은 그 기업을 키워준 사회에 환원해야 합니다. 기업의 소유주는 개인이 아니라 사회입니다. 개인은 단지 관리를 할 뿐입니다."

그는 일제시대에 이미 개인소유 회사를 주식회사로 개편하여 '기업은 사회의 것'이라는 자신의 철학을 실천으로 옮겼다.

그는 1936년에 주식회사체제로 전환하면서 주식의 일부를 직원들에게 공로주로 나눠줌으로써 한국 최초의 종업원지주제를 실천했던 것이다.

특히 사망 후에 전 재산을 사회에 환원하도록 조치했고, 아들에게조차 전혀 상속하지 않았다. 부사장으로 있던 아들이 유한공고 건축을 둘러싼 부정사건에 연루되자, 미국 출장 중인 아들에게 해고전문을 보낸 것은 유명한 일화다.

지나친 소유는 우리를 가난하게 만든다_ 김동호

어느 동네, 어느 지역에 가든 가장 멋진 건축양식을 자랑하는 것은 바로 교회다. 한눈에 보기에도 많은 투자를 했다는 생각이 절로 들 정도로 단연 돋보인다.

그런데 김동호 목사는 그처럼 새 건물을 웅장하게 짓는 것보다는 그 돈을 이웃을 돕는 데 써야 한다고 주장한다. 더욱이 그것을 직접 실천해 기독교계에 새바람을 불러일으키고 있다.

그는 자신이 성장시킨 교회를 떠나 숭의교회를 새로 만들었다. 하지만 새로 건물을 짓는 대신 숭의학교 강당을 빌려 예배를 보고, 재무 관련 정보를 공개한다. 심지어 자신의 소득까지 밝힌다.

자신이 가진 것을 철저히 이웃과 나누고자 하는 그는 진정한 부는 나눔에 있다고 강조한다.

"요즘 아이들은 먹을 것 귀한 줄을 모릅니다. 없는 것보다 귀한 줄 모르는 것이 훨씬 더 심각한 가난입니다. 이것은 치유하기 어려운 악성가난이지요. 지나친 소유는 우리를 가난하게 만듭니다. 그것도 그냥 가난한 것이 아니라 아주 질이 나쁜 가난뱅이가 되게 하지요. 진정한 부는 소유에 있는 것이 아니라 나눔에 있습니다."

명리학의 대가 조용헌 선생은 베풂이 어떻게 재물을 낳는지 가르쳐준다.

"부자는 식신생재격(食神生財格) 팔자를 갖고 있습니다. '식신'이란 '베푸는 기질'을 뜻합니다. 베푸는 기질이 재물을 낳는다는 말입니다. 그 사람의 타고난 사주팔자가 식신생재격으로 되어 있으면, 큰 재물을 모을 수 있다고 해석하지요. 이런 운명을 타고난 사람은 손이 크다는 소리를 듣습니다. 다른 사람에게 무엇인가 퍼주는 것을 좋아합니다. 희한한 것은 무심코 베풀었던 것이 시간이 흘러 큰 재물이 되어 자기에게 몇 배로 돌아온다는 사실입니다. 정주영 회장이 대표적인 식신생재격 팔자를 갖고 있지요. 무엇이든 퍼주는 것을 좋아했고 그 결과 큰 부자가 된 것입니다."

이 시대의 정신이라 불리는 법정 스님 역시 진정한 부자는 인색한 사람이 아니라 나눔과 베풂의 철학을 가진 사람이라고 강조한다.

"나눔에는 위안과 기쁨과 고마움이 따른다. 나눌 때 내 몫이 줄어드는가? 물론 아니다. 뿌듯하고 흐뭇한 그 마음이 복과 덕을 쌓는다. 우리에게 건강과 재능이 주어진 것은 그 건강과 재능을 보람 있게 쓰라는 뜻에서일 것이다.

당신에게 건강과 재능이 남아 있는 동안 그걸 이웃과 함께 나눌 수 있어야 그 뜻이 우주에 도달한다. 돌이켜보면 지금까지 살아오면서 나는 이웃에게 많은 은혜를 받았다. 뒤늦게 철이 들어 그 은혜 갚음을 하고 가야겠다는 생각이 일고 있다. 몸은 고단하지만 여기저기 나를 필요로 하는 곳에 최소한으로라도 드러내는 이유가 여기에 있다."

많은 재물을 쌓아 자식에게 물려준들
자식이 반드시 잘 간직할 수 있는 것이 아니다.
많은 책을 쌓아 자식에게 물려준들
자식이 반드시 다 읽을 수 있는 것이 아니다.
차라리 남모르는 음덕을 쌓아
자손을 위한 계책으로 삼아라.

– 「명심보감」

받는 생활에서 주는 생활로 바꾸어라

우리의 관심사가 자기 자신에게만 향해 있을 때, 마음에 병이 생긴다. 혹시 손해를 보지는 않을까, 가진 것을 잃지는 않을까, 다른 사람이 내 것을 시기하지는 않을까라고 걱정하는 순간부터 마음은 상하기 시작한다. 그러나 생각을 외부로 돌리면 그 병은 치유된다. 어려움에 빠진 사람은 누구일까, 내가 그들을 어떻게 도울 수 있을까를 생각하면 몸도 마음도 건강해진다.

모든 것을 움켜쥐지 않고 덜어서 남에게 주면 누구보다 자기 자신이 기쁘다. 사회봉사에 직원들이 적극 참여하면서 변화를 직접 체험한 유한킴벌리의 문국현 사장은 그 기쁨을 이렇게 표현한다.

"받는 생활에서 주는 생활로 바꾸고 나니 세상이 달리 보이기 시작했습니다. 나눔의 정신이 자신의 영혼을 가장 크게 살찌우는 길입니다. 베푸는 것이 가장 남는 장사지요."

인간이라면 누구나 한 번은 가야 하는 곳이 죽음의 길이고 그것은 모든 것을 빼앗아가 버린다. 그러므로 움켜쥔 것들은 살아 있을 때 나누어야 한다. 구두쇠 노릇은 자기 자신에게나 해야 하는 일이지 남에게까지 구두쇠 노릇을 하면 안 된다.

당신의 존재에 감사하는 사람이 있는가 _ 김혜자

" '만일 내가 비라면 물이 없는 곳으로 갈 거야. 그곳 사람들에게 내가 곧 갈게 라고 말할 거야. 그래서 그들이 내미는 그릇을 물로 가득 채워 줄 거야.' 이것은 인도 소녀 수미트라가 쓴 글입니다. 지구상의 60억 인구 중에서 12억 인구가 하루 1달러 미만의 수입으로 살아가고 있고, 그들 중 대부분은 가뭄과 전쟁과 빈곤의 희생자들입니다. 또한 1억5천 명의 아이들이 거리에서 자고 먹고 일하고 뛰어다니고 꿈을 꿉니다. 만일 제가 비라면 저도 수미트라와 함께 물이 없는 곳으로 갈 겁니다. 만일 제가 옷이라면 세상의 헐벗은 아이들에게 먼저 갈 겁니다. 만일 제가 음식이라면 모든 배고픈 이들에게 먼저 갈 겁니다."

굶주린 아이들을 위한 모금운동을 벌이며 탤런트 김혜자가 했던 이 연설은 가슴 깊은 곳으로부터 감동을 자아낸다. 이 말을 듣고 어느 누가 감동을 받지 않을 수 있겠는가. 주머니를 털지 않을 사람이 어디 있겠는가. 눈물짓지 않을 방법이 있겠는가.

그는 벌써 10년 이상이나 아프리카 등을 다니며 어려운 처지에 빠진 아이들을 돕고 있다.

"저는 연기를 하지 않을 때는 제 존재의 이유를 찾을 수 없었습니다. 삶의 의미를 찾지 못해 죽음까지도 생각했었지요. 하지만 아프리카의 불쌍한 아이들을 보고 삶의 이유를 찾을 수 있었습니다. 제 존재에 의미를 부여할 수 있었지요. 제가 아이들을 도와주는 게 아니라, 거꾸로 그 애들이 저를 구해준 것입니다."

그는 우리에게 인생을 어떻게 설계해야 하는지를 보여준다. 또한 진정한 성공이 어떤 것인지도 알려준다.

더불어 사는 삶이 가장 아름답다 _ 변재용

민주화운동을 하다가 학교를 그만두게 된 한솔교육의 변재용 사장은 먹고살기 위해 학습지를 만들어 아이들을 가르치는 일을 시작했다. 당시에는 가리방이라는 것으로 일일이 긁어 인쇄물을 만드느라 힘들기도 했지만, 그것은 성공적이었고 오늘날의 한솔교육을 일구는 토대가 되었다.

어렵게 시작해 온갖 노력으로 일궈냈기에 그는 힘들게 사는 사람들의 심정을 누구보다 잘 헤아린다. 덕분에 한솔교육의 슬로건은 '나누기와 섬기기'이며, 변 사장 자신이 솔선수범하여 그것을 실천하려 노력한다.

"제 자신을 부자라고 생각하지 않습니다. 그저 큰 배의 선장일 뿐이죠. 제가 버는 돈도 제 돈이 아닙니다. 회사를 개인적인 경제수단으로 생각해본 적은 한 번도 없어요. 늘 더불어 사는 것에 대해 생각합니다. 아름다운재단의 1퍼센트 나눔 운동에 참여한 것도 그런 삶에 조금이라도 가까이 갈 수 있다고 여겼기 때문입니다."

그는 2001년 3천 명에 달하는 비정규직 노동자 전원을 대상으로 정규직 전환 프로그램을 실행하고, 매칭그랜트라는 비례보조금제도를 도입해 사원이 기부하면 그 액수만큼 회사에서 기부하도록 했다. 또한 신입사원이 입사하면 첫 번째 근무로 으레 노인정이나 갱생원 같은 시설에서 이웃을 돌보는 일부터 시작하는 전통을 세웠다. 더불어 봉사활동 경력에 가산점을 주어 우대하며 승진 때는 고과에 반영하고 있다.

개인과 조직이 동시에 주는 생활을 통해 성숙하고 성장하는 것이다.

진정한 성공은 자기가 가진 것을 나누는 능력과 기술에 달려 있다. 여기서 '가진 것'이란 반드시 재물을 뜻하지는 않는다. 『잡보장경雜寶藏慶』이라는 책에 나오는 무재칠시(無財七施), 즉 돈이 들지 않고도 나눌 수 있는 일곱 가지를 보면 다음과 같다.

화안시(和顏施) 부드러운 얼굴로 사람을 대하고, 언사시(言辭施) 좋은 말씨로 사람을 대하고, 심시(心施) 마음가짐을 좋게 하고, 안시(眼施) 눈빛을 좋게 하고, 지시(指施) 지시나 가르침을 고운 말로 하고, 상좌시(牀

座施) 앉을 자리를 마련해 주고, 방사시(房舍施) 쉴 만한 방을 내주라는 것이다. 사실, 이 일곱 가지는 모두 연결되어 있다. 좋은 마음을 가지면 눈빛과 안색이 좋아지는 것은 당연하다. 물론 말도 부드럽게 나온다. 그러니 사람들은 자연히 그를 좋아할 수밖에 없을 것이다.

절약만 하고 쓸 줄을 모르면 친척도 배반할 것이니,
덕을 심는 근본은 선심 쓰기를 즐기는 데 있다.

− 「목민심서」

성공은 인품이다

꽃은 꿀로써 벌을 모으지만, 사람은 인품으로써 사람을 모은다. 인품
이 좋은 사람의 곁에는 누가 시키지 않아도 저절로 사람들이 모여드는
법이다.

당쟁이 극심하던 선조시절, 노론의 거두인 송시열이 노년에 병으로
고생하고 있었는데, 천하의 명의를 모두 불러 치료를 받았지만 효험이
없었다. 그때, 남인의 거두인 허목의 의술이 용하다는 말을 들은 송시
열은 아들을 그에게 보내 약을 지어주기를 청했다. 원수나 다름없는
집안에 다녀오라니 아들은 기가 막혔다. 그리고 다녀와서는 더욱 혀
를 찼다.

"아버님, 글쎄 비상을 두어 냥 달여 드리라고 하네요. 아예 아버님
을 돌아가시게 할 작정인 모양입니다."

그 말을 들은 송시열은 즉시 비상을 달여 먹었다. 주변 사람들이 모두 그것은 사약이라며 극구 말렸지만, 그는 약을 먹었고 씻은 듯이 병이 나았다.

원수관계에 있는 사람에게 제대로 된 처방을 해준 허목이나 그 말을 믿고 죽음까지 무릅쓰고 비상을 달여 마신 송시열은 과연 당대의 거목이라 할 만한 인격을 지녔다고 할 수 있다.

오랫동안 후세에 이름을 남기는 사람들은 거기에 알맞은 철학이 있고 대의를 위해 자신을 희생한 사람들이다.

자신을 최대한 낮출 수 있는가_ 김구

대한민국이 독립하는 데 가장 큰 영향을 끼친 사건이 카이로 회담이다. 이 회담에서 처음으로 '연합군이 일본을 이기게 되면 한국을 독립시키기'로 명문화하였고, 이것은 장개석 총통의 발의에 의해 이루어졌다. 당시 일본의 식민지로 있던 나라는 우리뿐이 아닌데 왜 한국의 독립만을 명문화한 것일까?

이는 바로 이봉창의 동경의거와 윤봉길의 상해의거 때문이다. 이 사건은 큰 성과를 거두었다. 특히 중국 정부에 끼친 영향은 무척 컸다. 이 사건을 계기로 중국 지도자들이 임시정부를 보는 눈도 상당히 달라졌다.

장개석은 3천 명의 사관생도를 모아 놓고 "중국군 20~30만 명이 못한 것을 한국인 1명이 수행했으니 너희도 분발하라”는 요지로 4시간 동안이나 연설을 했다고 한다. 또한 중국인들은 가가호호 폭죽을 터뜨리면서 거사를 대대적으로 환영했다.

역사에 가정은 존재하지 않지만 만약 임시정부가 없었다면, 백범 김구가 없었다면 지금의 독립이 이루어졌을까? 쉽지 않았을 것이다.

백범은 대의를 위해 자신을 많이 희생했다. 3 · 1 운동 뒤 그는 상해로 가 27년 동안 망명생활을 했는데, 그동안 가족이 겪은 고초는 눈물겨운 것이었다.

백범이 상해로 떠난 이듬해, 부인과 아들 인도 상해로 갔다. 그는 이때가 가장 단란한 때라고 회상한다. 하지만 단란함은 잠시뿐이었다. 둘째 아들 신을 낳고 옥상에 빨래를 널러 가다가 낙상해 폐를 다친 백범의 아내는 폐렴으로 고생하다 신이 젖도 떼기 전에 세상을 떠난다. 그리하여 신은 할머니 품에서 자라났다.

특별한 생계수단이 없었던 터라 가정생활의 궁색함은 말할 것도 없었다. 상해시절 백범의 어머니는 이미 환갑을 넘었는데 그런 노인이 중국 사람들의 쓰레기통을 뒤져 버려진 배춧잎을 주워 반찬을 만들었고 끓인 물에 설탕을 타서 온 식구가 끼니를 때우는 때도 있었다.

그뿐 아니라 그는 자신을 최대한 낮춘 지도자였다. 백범이라는 호도 ‘독립국을 이루기 위해서는 가장 천하다는 백정(白丁)과 무식한 범부(凡夫)까지 전부가 적어도 나만한 애국심을 가진 사람이 되게 하자는 원(願)을 표한 것’이라고 하며, 그는 실제로 그렇게 행동했다.

그가 임시정부의 안창호 선생을 찾아가 "내가 일찍이 감옥에서 뜰을 쓸고 유리창을 닦을 때마다 하느님께 소원하기를, 우리나라 정부가 서거든 내가 그 집 마당을 쓸고 유리창을 닦게 해달라고 했소. 그러니 내가 임시정부의 문지기 노릇을 꼭 해야겠소"라고 부탁했던 사건은 유명하다.

백범의 소원에 대한 이야기는 가장 많이 알려져 있다.

" '네 소원이 무엇이냐?' 하고 하느님이 물으시면, 나는 서슴지 않고 '내 소원은 대한독립이오' 하고 대답할 것이다. '그 다음 소원은 무엇이냐?' 하면, 나는 또 '우리나라의 독립이오' 할 것이요, 또 '그 다음 소원이 무엇이냐?' 하는 세 번째 물음에도, 나는 더욱 소리를 높여서 '나의 소원은 우리나라 대한의 완전한 자주 독립이오' 하고 대답할 것이다."

나는 이 글을 읽을 때마다 목이 멘다. 나라의 독립을 위해 청춘을 바치고 가정을 희생한 칠십 노인이 이 말을 하는 장면을 상상하면 온 몸에 전율을 느낀다. 우리는 김구 선생에게 많은 빚을 지고 있다. 그의 희생 덕분에 잘 먹고 잘 살고 있기 때문이다.

말과 행동을 일치시켜라_세종

세종이 지금까지도 존경을 받는 이유 중 하나는 말과 행동이 일치했기 때문이다. 세종이 22세에 왕이 된 후, 무려 7년간 조선은 혹독한 가뭄에 시달렸고 백성들의 생활은 참혹했다. 그때, 그는 육조관아의 넓은 길에 큰 가마솥을 내다걸고 백성들에게 죽을 쑤어 먹이는 진휼(賑恤)에 나섰다.

또한 백성과 아픔을 같이하기 위해 경회루 동쪽에 버려둔 재목으로 초가를 짓게 하고 그곳에 머물렀다. 정승과 판서들은 연일 세종이 기거하는 초가에 꿇어앉아 침전으로 들 것을 간청하였으나 그는 그 건물에서 지내며 백성과 고초를 같이했다. 백성이 고생하는데 왕이 어찌 편하게 지내겠느냐는 것이었다.

가진 사람들이 존경을 받지 못하는 이유 중 하나는 말과 행동이 일치하지 않기 때문이다. 불황이라고 월급을 깎고 직원들에게 허리띠 졸라맬 것을 강조하지만 정작 자신은 고급 외제차에 골프를 치러다닌다. 그러니 어찌 존경을 바라고 인격을 존중받을 수 있겠는가.

단순히 돈을 많이 벌고, 높은 지위에 올라 있는 것이 성공은 아니다. 그런 성공은 돈과 지위를 잃는 순간 사라지고 만다. 그것은 성공이 아니라 한순간의 해프닝이다.

성공은 오랫동안 기억되는 것이다. 그 사람이 사라져도 마음속에 살아 있는 것이다. 그러한 성공은 그 사람이 지닌 위대한 철학에서 시작된다. 성공자는 사람들에 대한 애정, 실천, 인격, 솔선수범을 실행하는 위대한 철학자들이다.

성공의 근본은 인격이다. 세종, 김구 선생 모두 세상을 떠났지만 우리가 아직도 그들을 기억하는 것은 사람 됨됨이 때문이다.

성공은 인품이다. 성공한 사람에서는 향기가 난다.

꽃의 향기는 천리를 가지만,
사람의 덕은 만년까지 간다(花香千里行 人德萬年薰).

– 「설원」

진정한 평가는 사후에 이루어진다

짐승은 그 무게로 값을 정해 무게가 많이 나갈수록 높은 값을 받지만, 사람은 체중으로써 가치를 평가하는 것이 아니라 생전에 어떻게 살았느냐를 두고 평가한다.

'히치(Hitch)'라는 영화에 보면 신문사에서 부고(訃告)란을 담당하는 기자가 나온다. 그는 유명인의 부고기사를 미리 써두었다가 그가 죽게 되면 언제 어떻게 죽었는지 정도만 보완해 기사로 내보낸다. 그렇기 때문에 웬만한 유명인의 사망기사는 이미 다 써둔 셈이다.

중요한 것은 사후에 어떤 평가를 받느냐이다. 정승 집 개가 죽으면 문전성시를 이루지만, 정작 정승이 죽으면 아무도 찾지 않는다는 말이 있는 것처럼 그 사람을 제대로 평가하기 좋은 시점은 그 사람이 죽었을 때가 아닌가 싶다.

함께 나눈 삶은 사후에 더욱 빛을 발한다 _임길진

아는 분이 갑자기 상을 당했다는 소식을 듣고 병원으로 향하고 있었는데, 근처에 이르자 교통이 혼잡하기 그지없었다. 처음에는 유명정치인이나 대기업 회장이라도 돌아가셨나보다 하고 생각했다. 하지만 극심한 교통혼잡을 불러일으킨 주인공은 환경운동가 임길진 박사였다.

대체 그가 무슨 일을 얼마나 했기에 미국에서 살던 분임에도 불구하고 그토록 많은 사람들이 찾았던 것일까? 궁금하지 않을 수 없었다. 나는 아는 사람을 붙잡고 그에 대해 캐물었다.

"한국에서 환경운동을 하는 분 중 그 분 신세를 지지 않은 분이 없대요. 평생을 독신으로 지냈지만 그 집 안방은 늘 손님으로 북적였다더군요. 그만큼 많은 기여를 하고 사람들에게 베풀었다는 얘기지요. KDI 석좌교수로 계실 때, 한 달에 한 번씩 꼭 청소하는 아주머니, 아저씨들을 초청해서 밥을 사셨대요. 시간이 안 날 때는 꼭 돈을 주시고… 환경운동 하는 사람들이 오면 무슨 돈이 있냐고, 자장면 한 그릇도 못 사게 했다더군요. 뭐든 잘 베풀어서 심지어 미시간 경제는 임 교수가 먹여 살렸다는 말이 나오기도 했죠.

그런 분이 교통사고로 갑자기 돌아가신 겁니다. 많은 사람들이 큰 충격을 받았지요. 소식을 들은 최열 대표는 회의를 하던 중 갑자기 큰 소리로 흐느껴 울었답니다. 일가친척도 아니고 그냥 집안일을 거들어주던 아저씨가 장지에서 어찌나 서럽게 울던지 옆에 있던 저도 울어버렸어요."

나는 그와 일면식도 없었지만, 그가 제대로 된 삶을 살았다는 걸 분명히 알 수 있었다.

잘 살아야 잘 죽을 수 있다 _ 원주희

약사생활로 꽤 풍요로운 생활을 하던 원주희 목사는 혼자만 잘 먹고 잘 사는 삶에 회의를 느껴 신학을 공부한 후 목사가 되었다. 그것으로 그 치지 않고 그는 호스피스 활동에도 나섰다. 병원에서 더 이상 가망이 없다는 판정을 받은 암 환자들을 보살피는 일이었다.

그가 운영하는 샘물의 집은 그런 사람들이 편안하게 삶을 마무리할 수 있도록 돕는다. 물론 경치 좋고 물 맑은 곳이지만, 하루 24시간을 죽음을 앞둔 사람들과 함께 생활한다는 것은 보통 일이 아니다. 그는 목사이자 의사이고 장의사다. 어떤 날은 하루에 시신을 세 번이나 처리하기도 한다. 그동안 그가 돌보다 보낸 사람이 1천 명에 이를 정도다. 가족도 돌보기 힘든 일을 10년 넘게 한다는 것은 보통 사람은 감히 생각할 수도 없는 일이다.

"죽음을 생각하면 모르는 것 세 가지가 있습니다. 언제 죽을지 모르고, 어디서 죽을지 모르고, 어떻게 죽을지 모른다는 것입니다. 또 죽음을 생각하면 아는 것 세 가지가 있는데 누구나 한 번은 가야 한다는 것이고, 혼자만 가야하는 외롭고 두려운 길이며, 빈손으로 간다는 것입니다. 암으로 한 해에 25만 명 정도가 죽습니다. 환자 자신도 큰 고통을 받지만 평균 10명 정도의 주변 사람이 고통을 받지요. 말기 암 환자가 편안히 돌아가시도록 돕는 일, 그것으로 가족들의 고통을 조금이라도 덜어주는 것을 제 사명이라고 생각합니다."

누구나 피하고 싶어하지만 늙음과 죽음은 피할 수 없다. 잘 죽기 위해서는 잘 살아야 한다. 잘 살아야 잘 죽을 수 있다. 그러기 위해 죽음에 대해 자주 생각해야 한다. 어떻게 죽을까를 많이 생각하면 잘 살 수밖에 없다.

사후에 그를 그리고 추모하는 사람이 있다면 그는 죽은 것이 아니다. 반면, 살아 있어도 아무도 찾지 않고 기억하는 사람이 없다면 그는 죽은 것이다. 죽은 후에 타인의 기억 속에 남을 자신의 모습에 신경을 쓴다면 우리는 훨씬 잘 살아갈 수 있을 것이다.

입신양명만이 진정한 성공은 아니다. 그 사람에 대한 진정한 평가는 사후에야 알 수 있다. 자신만을 위한 삶은 그가 죽으면 함께 사라진다. 그러나 다른 사람을 위한 삶은 그가 죽은 후에도 영원히 지속된다.

한 인간의 위대함은 그를 위해 일하는 사람이 얼마나 많은가에 달려 있지 않고 그가 얼마나 많은 사람들을 위해 일하느냐에 달려 있다.

누구도 그가 받은 것으로는 존경받지 못한다.
존경심은 그가 준 것에 대한 보상이다.

– 캘빈 쿨리지

실천 매뉴얼 7 진정한 성공을 위해 무엇을 해야 하는가

1. 성공철학을 가져라. 내가 생각하는 성공의 정의는 무엇인지, 돈을 왜 벌어야 하는지, 높은 자리에 올라가서 무엇을 어떻게 할 것인지 생각하라.

2. 베풀고 나누어라. 가장 좋은 재테크는 사람들 마음속에 선을 베푸는 것이다. 잃어버릴 염려가 없고 투자 대비 효과가 크기 때문이다. 부자인 채로 죽는 사람이 세상에서 제일 바보다.

3. 베푸는 것도 연습이 필요하다. '언젠가'라는 생각을 하지 말고, '필요할 때 즉시' 도움을 주는 사람이 되라.

4. 개구리 올챙이 적 시절을 기억하라. 혼자만의 힘으로 성공한 사람은 없다. 성공을 거두는 데 기여한 친구와 가족, 주변 사람, 사회, 국가를 기억하고 기여하라.

5. 가진 자의 도덕적 의무를 실천하라. 성공에는 책임이 따른다.

6. 받는 생활에서 주는 생활로 전환하라.

7. 존재의 이유를 찾아라.

8. 향기 나는 사람이 되라. 꽃의 향기는 천리를 가지만, 사람의 덕은 만 년까지 가는 법이다.

9. 묘비명을 준비하라.

10. 당신의 장례식장을 생각하면서 살아라. 죽은 후 어떤 사람들이 올지, 그들이 당신에 대해 어떻게 평가하면서 슬퍼할지를 생각하라.

나도 그들처럼 성공하고 싶다

이 책을 쓰면서 성공과 관련된 많은 책을 읽었고 많은 사람을 만났으며 또한 많은 생각을 했다. 처음에는 성공과 관련된 책을 씀으로써 성공하려는 사람을 돕고 싶다는 생각을 했는데, 막상 가장 큰 도움을 받은 사람은 나 자신이라는 생각이 든다.

성공한 사람들을 만나면서 나는 행복했다. 기뻤다. 삶의 활력이 생겼다. 나도 그들처럼 성공하고 싶다는 강한 욕구가 생겼다.

그들은 자신감으로 넘쳤고 행복해보였으며 생각하는 방식이 달랐다. 삶에 대해 긍정적이고 웬만해서는 좌절하지 않았다. '왜 내게 이런 일이 생기는 것일까?' 라고 한탄하고 불만을 표시하는 대신, '뭐 그럴 수도 있는 것 아닌가' 라며 툭툭 털어내는 여유가 있었다.

그들은 인색하지 않았다. 그들은 풍요를 주변 사람과 나눌 줄 알았다. 혼자만 잘 사는 것이 재미없다는 것을 알기 때문이다. 나 혼자 어떻게 잘 먹고 잘 살 것인가를 고민하는 대신 다른 사람들은 어떤지, 그들의 성공을 돕기 위해 내가 할 일은 무엇인지를 생각했다. 그러다 보니 자신이 가진 것을 나누는 데 관심이 많았고 주변에 사람이 많이 모였다.

그들은 겸손했다. 늘 자신은 부족하고 아직 배울 게 많다고 생각했다. 그래서 책을 열심히 읽고 계속해서 학교도 다니고 좋은 강의가 있으면 쫓아가 배웠다. 학교를 졸업한 후 배움과는 완전히 담을 쌓고 지내는 사람과는 대조적이었다.

그들은 성실했다. 늘 약속시간 전에 나와 기다렸고, 보내주기로 한 자료는 틀림없이 보내주었다. 그렇기 때문에 그들이 하는 말은 무조건 믿게 되었다.

그들은 생각하는 방식이 달랐다. 그것은 행동과 태도와 습관으로 나타났다. 그래서 보는 사람으로 하여금 '저들은 성공할 수밖에 없겠구나' 라는 생각이 들게 만들었다. 그들이 가진 지식, 명예, 재산, 지명도 등 모든 것을 빼앗겨도 1년이면 다시 성공하고 말 거라는 생각이 들었다. 그들의 성공은 우연이 아니었다. 필연이었다.

성공이란 주제로 사람들을 만나면서 우리나라에는 정말로 훌륭한 사람이 많다는 사실을 절감했다. 그 중에는 알려진 사람도 있지만 알려지지 않은 사람 또한 많았다. 인터뷰를 하고 조사를 하면서 나는 새로운 결심을 했다. 성공한 사람을 찾고 인터뷰하고 이들의 성공조건을 모으는 일을 평생 하겠다는 결심이다.

가장 큰 목적은 그들을 만남으로써 나 자신이 에너지를 얻고 변화하기 위해서다. 두 번째 목적은 알려지지는 않았지만 훌륭한 분들을 발굴해 이들에 관한 얘기를 함으로써 사회에 긍정적인 영향을 끼치고 싶어서다. 세 번째 목적은 '성공 프로그램'을 만들어 개인, 기업 더 나아가 사회를 바꾸기 위해서다. 마지막 목적은 성공한 사람들에게 자부심을 주고, 듣는 이들에게는 성공에 대한 욕구를 불러일으키고 싶기 때문이다.

이 책은 작은 시작에 불과하다. 실수도 있을 수 있다는 것을 인정한다. 데이터도 충분치 않다. 오해했을 수도 있다. 하지만 이 책이 성공을 새롭게 해석하는 데 도움을 주고 사람들에게 꿈과 용기와 활력을 줄수만 있다면 더 바랄 게 없다. 이 책에 등장한 모든 인물들에게 새삼 깊은 존경과 감사를 표한다.